Andrea Erkert

TraRiRa die Kinder die sind da

Andrea Erkert

TraRiRa die Kinder die sind da

Die schönsten Rituale für die Krippe

Mit Illustrationen von Elisabeth Lottermoser

HERDER

FREIBURG · BASEL · WIEN

Im Interesse der besseren Lesbarkeit und weil Frauen in frühpädagogischen Berufen prozentual stärker vertreten sind als Männer, wird in diesem Buch stets die Leserin angesprochen und auch meist die weibliche Form verwendet, wenn von pädagogischen Fachkräften die Rede ist. Selbstverständlich sind damit aber immer Leser und Leserinnen bzw. männliche und weibliche Fachkräfte gleichermaßen gemeint.

MIX
Paper from responsible sources
FSC® C010798
FSC www.fsc.org

www.herder.de

Umschlaggestaltung: SchwarzwaldMädel, Simonswald
Illustration innen und außen: Elisabeth Lottermoser, Gütersloh

Layout, Satz und Gestaltung: Arnold & Domnick, Leipzig
Herstellung: Graspo CZ, Zlín
Printed in the Czech Republic

ISBN 978-3-451-32595-3

Inhalt

Vorwort

Rituale als Anker

Unsere Kinder wachsen in einer sich rasant verändernden Welt auf, die geradezu wiederkehrende vertraute Abläufe verlangt, um z. B. zur Ruhe und Besinnung zu kommen. Bereits kleine Rituale, die fest in den Alltag integriert sind, geben Kindern unglaublich viel Halt, Sicherheit und Orientierung. Sie geben jeden Tag einen Rhythmus und helfen, dass Kinder sich in ihrem Alltag gut zurechtfinden und in der Gruppe integrieren. Die wiederkehrende vertrauten Abläufe, wie etwa bei der täglichen Bring- und Abholsituation oder im Morgenkreis, sind schöne Rituale, auf die sich bereits kleine Kinder jeden Tag aufs Neue verlassen und freuen können, sodass sie besonders gerne die Einrichtung besuchen.
Das hört sich zunächst vielleicht etwas banal an, doch nicht für alle Kinder beginnt der Tag zu Hause auf eine immer wiederkehrende schöne Art. Es gibt z. B. eine nicht zu unterschätzende Anzahl von Kindern, die nicht am Frühstückstisch mit ihren Liebsten verweilen, sondern oftmals ganz alleine mit dem Frühstücksbrot in der Hand vor dem Fernseher sitzen und sich berieseln lassen. Manche Kinder kommen sogar mit leerem Magen in die Einrichtung, sodass Rituale am Frühstückstisch insbesondere für diese Kinder überaus bedeutsam sind.

Wertvolle Angebote

Rituale schaffen Ordnung und Strukturen im Alltag, sie sollten jedoch nicht starr vermittelt werden. Vielmehr sollten Erzieher/innen und Eltern stets ihre Kinder vor Augen haben und darauf achten, was den einzelnen Kindern gut tut und diese gerade brauchen. Es empfiehlt sich also, die Rituale in der Einrichtung und in der Familie von Zeit zu Zeit zu überprüfen und gegebenenfalls zu verändern. Auf diese Weise sind Rituale nicht nur sinnvoll, sondern sie bereiten vor allem auch jede Menge Freude.

In den hier zusammengestellten sieben Kapiteln finden sich zahlreiche Spielideen und andere Angebote, die sich allesamt für den regelmäßigen Einsatz als alltägliche Rituale mit Kindern bis 3 Jahre eignen.

Sie wurden für verschiedene Anlässe in einzelne Kapitel eingeteilt. Für eine schnelle Auswahl steht vor jeder Spielidee und jedem anderen Angebot das empfohlene Alter und falls nötig die erforderlichen Materialien. Bei den Spielen und anderen Angeboten, die sich als Ritual anbieten und sich bereits für Kinder unter einem Jahr eignen, wurde jedoch bewusst auf eine Altersangabe verzichtet.

Los geht's früh am Morgen. Das erste Kapitel beschäftigt sich mit Ritualen für die tägliche Bring- und Abholsituation. Die Kinder und Eltern werden durch liebevolle Rituale von der Erzieherin willkommen geheißen und genauso herzlich wieder verabschiedet, sodass sich Groß und Klein in der Einrichtung bereits früh am Morgen wohl fühlen.

Im zweiten Kapitel dreht sich alles um Rituale für den Morgen- und Abschlusskreis, die Kinder allein schon durch die Sitzordnung im Spielkreis ein Gemeinschaftsgefühl vermitteln und nicht zuletzt viel Geborgenheit geben. Die Rituale stärken das Zugehörigkeitsgefühl und tragen dazu bei, dass die Kinder jeden Tag aufs Neue einen guten Start und schönen Abschluss im Spielkreis haben.

Das dritte Kapitel beinhaltet Rituale, die Trost spenden und aufmuntern. Es werden Möglichkeiten aufgezeigt, wie man Kindern in verschiedenen Situationen relativ schnell beruhigen und schließlich wieder zum Lachen bringen kann. Die Rituale helfen ihnen, so manchen Kummer und Schmerz besser zu verkraften und sich relativ schnell zu beruhigen, sodass sie sich wieder den schöneren Dingen im Alltag zuwenden können.

Im vierten Kapitel gibt es Rituale zum vergnüglichen Händewaschen und Zähneputzen. Spielerisch erleben die Kinder nicht nur das gründliche und saubere Händewaschen und Zähneputzen, sondern lernen auch den Sinn und Zweck, der mit diesen Tätigkeiten verbunden ist, kennen. Auf diese Weise wird eine gute Gesundheitsvorsorge betrieben, die ihnen auch zukünftig zugutekommt.

Das fünfte Kapitel enthält Rituale rund um das Frühstück und Mittagessen. Mithilfe von Tischsprüchen, Fingerspielen & Co. beginnen und beenden alle gemeinsam ihre Mahlzeit, sodass niemand am Esstisch auf sich allein gestellt ist. Geregelte vollwertige Mahlzeiten tragen dazu bei, dass der Körper mit ausreichend Energie versorgt wird und sich alle Kinder rundum wohl und in der Gruppe aufgenommen fühlen.

Im sechsten Kapitel findet man Rituale kurz vor und nach der Spielzeit. Durch Spiel und Spaß wird das tägliche Aufräumen der Spielsachen nicht zur lästigen Pflicht. Vielmehr werden alle Kinder zum Aufräumen motiviert, sodass sie voller Eifer und Freude mitmachen. Dabei lernen die Kinder auch kleine Aufgaben zu übernehmen, die letztendlich zum Alltag gehören und erledigt werden müssen.

Das siebte Kapitel widmet sich Ritualen zum Entspannen und Einschlafen. Sie helfen Kindern innerlich zur Ruhe zu kommen, den eigenen Körper zu spüren oder gar zu einem gesunden und entspannten Schlaf zu finden, sodass sie wieder neue Kraft schöpfen können. Auf diese Weise haben die Kinder wieder genügend Energie, um voller Freude und Tatendrang durch ihren Alltag zu kommen.

Viel Spaß und Vergnügen wünscht
Andrea Erkert

Ankommen und nach Hause gehen

Rituale für die Bring- und Abholsituation

Kinder und Eltern sollen sich bereits beim Betreten in der Einrichtung willkommen und rundum wohl fühlen. Damit das gut gelingt, helfen kleine Rituale zur Begrüßung, die sich jeden Morgen wiederholen und bald allen vertraut und geläufig sind. Und so wie der Tag begonnen hat, sollte er auch wieder enden.

Ein schöner Empfang

Material: Salzkristall-Leuchten, Leuchtschlangen o. Ä., Entspannungsmusik (ruhige Instrumentalstücke), Abspielgerät

Die meisten Kinder kommen früh am Morgen, etwa weil die Eltern berufstätig sind. Besonders in den Herbst- und Wintermonaten ist es in den Morgenstunden draußen noch sehr dunkel. Beim Betreten der Einrichtung können Lichter, wie z. B. Salzkristall-Leuchten oder Leuchtschlangen, aber auch eine Entspannungsmusik, die leise im Hintergrund läuft, nicht nur sehr beruhigend, sondern auch ausgesprochen einladend sein, sodass sowohl die Kinder als auch deren Eltern besonders gern die Einrichtung betreten.

Musikalischer Gruß

Material: CD mit Begrüßungsliedern, Abspielgerät
für die Variation: Gitarre

Damit sich alle Kinder von Anfang an herzlich aufgenommen fühlen, kann die Erzieherin folgendes machen: Bevor die ersten Kinder mit ihren Eltern die Einrichtung betreten, schaltet die Erzieherin die Musik ein, die nicht zu laut erklingen darf. Hierfür verwendet sie ausschließlich fröhliche Begrüßungslieder für Kinder, die auf vielen CDs von bekannten Kinderliedermachern zu hören sind.

Variation: Die Erzieherin singt gemeinsam mit älteren Kindern neue, aber auch altbekannte Kinderlieder zur Begrüßung, z. B. „Bruder Jakob“. Den Gesang nimmt sie auf. Besonders schön ist es, wenn die Erzieherin die Melodie mit der Gitarre begleitet.

Begrüßung per Handschlag

Eltern, die ihre Kinder in die Einrichtung bringen, sollten stets per Handschlag von der Erzieherin begrüßt werden. Im Umgang mit Kindern ist es wichtig, dass die Erzieherin etwas in die Knie geht, um den Kindern beim Begrüßen direkt in die Augen blicken zu können. Auf diese Weise fühlen sich die Kinder als Person besonders wertgeschätzt. Ein derartiger schöner Empfang ist die ideale Voraussetzung, um den Tag in der Einrichtung gut zu starten. Denn erst wenn sich die Kinder wohl und angenommen fühlen, fängt der Morgen für alle entspannt und fröhlich an.

Hinweis: Kinder unter einem Jahr begrüßen Erwachsene nicht unbedingt per Handschlag, da sie noch zu klein oder schüchtern sind. Ein Lächeln und ein paar nette Worte seitens der Erzieherin sind meist völlig ausreichend, um den Kindern einen schönen Empfang zu bereiten.

Mein Platz an der Garderobe

+1

Material: pro Kind 1 bestimmtes Tierbild z. B. Tier-Postkarte, doppelseitiges Klebeband, Schere
für die Variation: pro Kind 1 Faltblatt in einer bestimmten Farbe, schwarzer Filzstift

Jedes Kind darf sich ein bestimmtes Tierbild aussuchen, das die Erzieherin über den einzelnen Kleiderhaken anbringt. Für jedes Kind gibt es nun einen bestimmten Platz in der Garderobe, um die eigene Jacke an den Kleiderhaken zu hängen. Jeden Morgen gehen die Kinder nun zielstrebig zu ihrem Platz, um ihre Jacken auszuziehen.

Variation: Anstelle der Tierbilder werden Faltblätter in verschiedenen Farben verwendet. Die Spielleitung zeichnet auf jedes Blatt ein bestimmtes Motiv, z. B. einen Kreis, ein Dreieck, ein Herz oder einen Stern. Jedes Kind erhält ein bestimmtes Motiv und eine bestimmte Farbe.

Hallo, die Handpuppe ist da! +1

Material: Handpuppe

Die Erzieherin begrüßt die Kinder, die mit ihren Eltern oder vielleicht schon alleine den Gruppenraum betreten, jeden Morgen mit einer Handpuppe. Die Handpuppe muss weich, kuschelig und einfach zum Liebhaben sein. Sie muss allen Kindern vertraut sein und hat einen Namen. Die Kinder freuen sich jeden Morgen auf den freundlichen Empfang mit der Handpuppe, sodass sie gern den Gruppenraum betreten und sich auf das, was dann kommt freuen.

Hinweis: So wie die Kinder mit der Handpuppe in Empfang genommen wurden, können sie natürlich auch wieder verabschiedet werden.

Ein Platz für die Hausschuhe +1

Material: Digitalkamera, Drucker, doppelseitiges Klebeband, Schere

Die Erzieherin fotografiert jedes Kind mit seinen Hausschuhen, die es direkt vor sich hält. Auf diese Weise genügt ein Brustbild, auf dem die Hausschuhe auch gut erkennbar sind. Die Spielleitung hängt die Fotos möglichst direkt über den Platz an dem die Hausschuhe abgestellt werden, sodass die Kinder stets wissen, wo sie ihre Hausschuhe aufbewahren können.

Drück mich, bis bald!

Bei der Verabschiedung in der Garderobe oder im Gruppenraum, können die Kinder, falls sie es nicht von selbst tun, dazu ermuntert werden, ihre Eltern noch einmal so richtig zu drücken. Vielleicht gibt es sogar noch einen Abschiedskuss. Auf diese Weise wird das Eltern-Kind-Verhältnis gestärkt.

Treffpunkt Garderobe

Wurden die Kinder und Eltern begrüßt, sollte die Erzieherin noch etwas Zeit in der Garderobe einplanen, um z. B. den Eltern gegebenenfalls beim Aus- und Anziehen ihrer Sprösslinge zu helfen oder das eine oder andere Tür- und Angelgespräch mit den Eltern zu führen. Bei dieser Gelegenheit können offenen Fragen in Bezug auf den bevorstehenden Tag geklärt, aber auch Wünsche und Anregungen von den Eltern entgegengenommen werden. Die Kinder werden entweder gleich in der Garderobe oder im Gruppenraum von ihren Eltern verabschiedet.

Abwarten und Tee trinken

Material: weiße Stofftischdecke, Stoffmalfarben, Naturmaterialien wie z. B. Zapfen oder Muscheln, Teekanne mit warmem, duftendem Tee, pro Kind 1 Tasse

Vorbereitung: Die Erzieherin zeichnet auf einer weißen Stofftischdecke die Handumrisse der einzelnen Kinder auf, die die Kinder ausmalen können. Die Tischdecke breitet sie auf einem Tisch aus. Zudem verteilt sie passend zur Jahreszeit ein paar Naturmaterialien auf den Tisch.

Kinder, die frühmorgens in die Einrichtung kommen, sind meist noch etwas müde. Ein warmer Tee tut gut und hilft, dass die Kleinen gemütlich den Tag beginnen. Die Kinder, die bereits in der Früh gerne Tee trinken möchten, brauchen sich nur noch eine Tasse zu holen und am Tisch Platz zu nehmen.

Meine Puppe und ich

Material: Lieblingspuppe oder -tier von Zuhause

Kinder, die neu in die Gruppe kommen, dürfen ihre Lieblingspuppe oder ihren Lieblingsteddybär in den ersten zwei bis drei Wochen von Zuhause mitbringen. In diesem Fall begrüßt die Erzieherin sowohl das Kind als auch deren Puppe oder Teddybär. Besonders jüngeren Kinder fällt es leichter sich zu äußern, wenn zunächst die Puppe oder der Teddy von der Erzieherin angesprochen wird.
Dasselbe gilt für das Nachausegehen: Die Erzieherin verabschiedet sowohl das Kind als auch dessen Puppe oder Teddybär, sodass das Kind die Einrichtung am nächsten Tag garantiert gern wieder besucht.

Hinweis: Dieses Angebot kann Kindern in der Eingewöhnungsphase helfen, sich schneller von ihren Eltern zu lösen und sich auf den Alltag in der Einrichtung einzulassen.

Eltern-Kind-Singen

Material: Kinderliederbücher, Kopierer

Vorbereitung: Die Erzieherin kopiert die Liedtexte für die Eltern.

Die Erzieherin lädt die Eltern z. B. immer zum Monatsende – am besten an einem bestimmten Wochentag – in die Einrichtung ein, um mit ihnen und den Kindern im Kreis neue und klassische Kinderlieder zu singen. Dabei handelt es sich ausschließlich um solche Lieder, die die Kinder gelernt haben und somit bereits kennen. Es können jedoch auch Spiele wie etwa Finger- und Kniereiterspiele im Kreis vorgestellt und gemeinsam ausprobiert werden. Unabhängig davon erhalten die Eltern von der Erzieherin die kopierten Liedtexte, die sie mit nach Hause nehmen dürfen.

Bastelprodukte, gemalte Bilder & Co.

Material: Werke der Kinder, die sie mit nach Hause nehmen dürfen

Bastelprodukte, gemalte Bilder und andere Kunstwerke, die die Kinder tagsüber selbst hergestellt haben, sollten möglichst immer kurz vor dem Nachhausegehen ausgeteilt werden. So geht nichts verloren und außerdem haben die Kinder große Freude daran, wenn sie vor den Augen der anderen ihre Kunstwerke erhalten und für ihre Werke von der Erzieherin gelobt werden. Voller Stolz können sie dann das, was sie gemacht haben, gleich ihren Eltern zeigen und übergeben, die sie meist noch einmal für ihre Werke wertschätzen und loben.

Die Eltern sollten in aller Ruhe ihre Kinder abholen und ihnen genügend Zeit geben, um z. B. über ihre Erlebnisse zu berichten. Die Kinder sind stolz auf das, was sie gebastelt, gebaut oder gemalt haben. Daran sollen natürlich auch die Eltern teilhaben. Sie erhalten so auch eine gute Möglichkeit, um mit der Erzieherin kurz ins Gespräch zu kommen.

Kurz bevor die Kinder nach Hause gehen, wird jedes von ihnen verabschiedet. Die Erzieherin kann die einzelnen Kinder per Handschlag verabschieden oder, falls es die Kinder gerne möchten, zum Abschied kurz umarmen. Besonders schön ist es, wenn die Erzieherin die einzelnen Kinder fragt, ob es ihnen heute in der Einrichtung gefallen hat. Ältere Kinder können auch erzählen, was sie sich für den nächsten Tag wünschen. Zudem freuen sich Eltern, wenn sie ein kurzes Feedback von der Erzieherin erhalten. Was hat das Kind heute gemacht? Was gibt es Positives zu berichten? Wie hat sich das Kind gefühlt?

Den Tag begrüßen und ausklingen lassen

Rituale für den Morgen- und Abschlusskreis

Die Kinder genießen das Zusammenkommen im Kreis, der weder einen Anfang noch ein Ende hat. Vielmehr sind alle Kinder im Kreis miteinander eng verbunden, sodass sie eine in sich geschlossene Gemeinschaft bilden. Wiederkehrende vertraute Spiele wirken sich insbesondere im Morgen- oder Abschlusskreis positiv auf das Gruppenklima aus. Sie fördern den Zusammenhalt in der Gruppe und nicht zuletzt das Gemeinschafts- und Zugehörigkeitsgefühl.

Horch auf den Glockenklang!

+1

Material: Glocke mit Griff

Die Erzieherin läutet immer, wenn die Kinder sich im Stuhl- oder Sitzkreis zusammenfinden sollen, mit der Glocke. Auf diese Weise wissen die Kinder auch ohne Worte, was sie tun sollen. Sitzen alle Kinder im Kreis beisammen, eröffnet sie den Morgenkreis, indem sie noch einmal kurz mit der Glocke läutet. Das ist das akustisches Zeichen für die Kinder, ganz Ohr zu sein und sich auf die Gruppe einzulassen. Die Erzieherin begrüßt die Kinder ganz herzlich und teilt ihnen mit, was sie gleich gemeinsam im Morgenkreis machen.

Variation: Zur Verabschiedung läutet die Erzieherin mit der Glocke. Dabei sagt sie laut:

Es hat geläutet, es ist Zeit zum Gehen!
Kinder, sagt alle rasch „Auf Wiedersehen!“

Am Ende winken sich alle Kinder im Kreis gegenseitig zu und sagen laut: „Auf Wiedersehen!“

Die Rituale für den Morgenkreis läuten den Tag ein und helfen den Kindern, sich gegenseitig zu begrüßen und in der Gruppe gut anzukommen. Sie tragen dazu bei, dass alle Kinder gemeinsam ihren Tag starten, miteinander spielen und kommunizieren. Um den Tag genauso schön im Kreis wieder ausklingen zu lassen, gibt es schließlich auch Rituale für den Abschlusskreis, bei denen die Kinder sich gegenseitig „Tschüss!“ sagen, sich auf zu Hause und den nächsten Tag in der Einrichtung freuen.

Seid ihr alle da? +1

Die Erzieherin steht gemeinsam mit den Kindern im Kreis, schaut in die Runde und wählt ein beliebiges Kind aus. Dabei sagt sie:

Ist heute (Name des Kindes) da?
Dann hüpft bittet alle und ruft laut JA!

Ist das betreffende Kind da, rufen alle laut „Ja!“ und hüpfen dabei auf der Stelle. Die Erzieherin hebt irgendwann einen Arm in die Luft. Das ist das Zeichen wieder stehen zu bleiben und leise zu sein. Sie sucht sich ein weiteres Kind aus und setzt das Spiel auf die gleiche Art fort. Wurden alle Kinder in der Runde genannt, wünscht sie den Kindern einen recht schönen „guten Morgen“.

Morgenlicht +1

Material: dicke Kerze, Feuerzeug
für die Variation: (herzförmiges) Kissen

Die Erzieherin stellt eine dicke Kerze in der Kreismitte auf den Boden und entzündet sie. Miteinander geht's dann Hand in Hand seitwärts im Uhrzeigersinn herum. Die Erzieherin bleibt gemeinsam mit den Kindern hin und wieder stehen, um das „Morgenlicht“ zu betrachten. Dabei sagen alle immer ganz laut: „Guten Morgen!“

Variation: Die Erzieherin legt vor ein Kind ein herzförmiges Kissen. Ansonsten verläuft das Spiel wie oben beschrieben. Sobald jedoch die Erzieherin und mit ihr der gesamte Kinderkreis stehen bleibt, schauen alle zu dem Kind, das gerade direkt hinter dem Kissen steht. Die Gruppe begrüßt das Kind und geht dann wieder Hand in Hand im Kreis herum, bis die Erzieherin wieder stehen bleibt.

Wer wird leise begrüßt? +1

Material: Kalenderblatt, auf dem z. B. eine aufgehende Sonne abgebildet ist
für die Variation: Bild, das einen Sonnenuntergang zeigt

Die Erzieherin legt einem beliebigen Kind im Kreis das Bild direkt vor die Füße. Während sie nun gemeinsam mit den Kindern Hand in Hand seitwärts im Uhrzeigersinn herumgeht, sagen alle laut:

Wir gehen jetzt im Morgenkreis.
Und wen begrüßen wir ganz leis?

Kaum ist der letzte Satz beendet, bleiben alle stehen. Das Kind, das direkt vor dem Bild stehen geblieben ist, wird von der Erzieherin und der Gruppe begrüßt.

Variation für den Abschlusskreis: Im Unterschied zu dem eben beschriebenen Spiel wird ein Bild verwendet, auf dem z. B. ein Sonnenuntergang zu sehen ist. Die Kinder sagen nun laut:

Wir gehen jetzt im Abschlusskreis.
Und wen verabschieden wir leis?

Max, die Handspielpuppe +1

Material: Handspielpuppe

Die Erzieherin holt die Handspielpuppe und setzt sich gemeinsam mit den Kindern in den Morgenkreis. Sie begrüßt die Kinder und die Handspielpuppe. Sie steht auf und geht nacheinander zu den Kindern, um sie mit der Handspielpuppe zu begrüßen. Wer möchte, darf der Handspielpuppe über den Kopf streicheln oder sie einfach mal in den Arm nehmen.

Variation für den Abschlusskreis: Die Kinder können mithilfe der Handspielpuppe auch wieder der Reihe nach von der Erzieherin im Kreis verabschiedet werden.

Guten Morgen! Ich winke dich herbei! +2

Material: Chiffontuch

In der Kreismitte steht die Erzieherin und hält ein Chiffontuch in der Hand. Sie schaut sich im Kreis um, winkt mit dem Tuch ein Kind herbei und sagt z. B.:
„Guten Morgen, Jennifer, bitte komm zu mir!“ Das aufgerufene Kind geht in Richtung Kreismitte. Die Erzieherin begrüßt das Kind per Handschlag, übergibt ihm das Tuch und wechselt mit ihm den Platz. Eine neue Spielrunde mit dem Tuch beginnt. Das Spiel ist beendet, wenn alle Kinder einmal begrüßt wurden und jeweils ein Kind herbeiwinken konnten.

Guten Morgen, Leute! +2

Eine Faust ballen. Ausgehend von Daumen strecken alle Kinder im Kreis nacheinander die einzelnen Finger aus. Die Erzieherin spricht dazu laut vor:

Der Erste sagt: „Guten Morgen, Leute!
Was machst du denn heute?“
Der Zweite sagt: „Guten Morgen ...!“

Nach jeder Frage deutet die Erzieherin auf ein beliebiges Kind in der Runde, das Antwort geben darf, sodass insgesamt fünf Kinder der Gruppe erzählen dürfen, was sie heute so alles gerne machen möchten.

Bei einfachen Fingerspielen können bereits jüngere Kinder gut mitmachen. Dieses Fingerspiel fördert die Aufmerksamkeit und Kommunikation. Zudem gibt es Auskunft darüber, was die Kinder gerne machen möchten, sodass es jeden Tag durchgeführt werden sollte.

Fröhlich starten

+2

Material: Ball

Die Erzieherin und die Kinder knien sich im Kreis auf den Boden. Sie rollt den Ball einem beliebigen Kind zu und sagt: „Guten Morgen, (Name des Kindes). Ich freue mich, dich zu sehen!" Das Kind rollt den Ball wieder in Richtung der Erzieherin und sagt, falls es möchte, „Guten Morgen!" oder „Hallo!" zu der Gruppe. Die Erzieherin nimmt den Ball und sucht sich ein weiteres Kind aus, dem es den Ball zur Begrüßung zurollt. Das Ballspiel ist beendet, sobald alle Kinder einmal den Ball erhalten haben und von der Erzieherin begrüßt wurden.

Variation für den Abschlusskreis: Immer ein Kind, dem die Erzieherin den Ball zurollt, wird von ihr verabschiedet. Das betreffende Kind steht auf, verlässt den Kreis und geht in Richtung Garderobe.

Morgengymnastik

+1

Material: Gong oder Handtrommel

Die Erzieherin holt einen Gong, bildet gemeinsam mit den Kindern einen Kreis und sagt laut:

Guten Morgen und mach mit!
So bleibst du gesund und fit!

Die Erzieherin hüpft mit geschlossenen Beinen auf der Stelle. Die Kinder machen alles sofort nach und hören erst auf, sobald die Erzieherin stehen bleibt und den Gong einmal erklingen lässt. Sie wiederholt die beiden o. g. Sätze und macht etwas Neues vor, lässt etwa die Arme kreisen oder springt wie ein Hampelmann. Die Kinder ahmen wieder alles nach und bleiben stehen, sobald die Erzieherin erneut stehen bleibt und den Gong erklingen lässt. Nach ein paar Durchgängen sind garantiert alle Kinder putzmunter!

Guten Morgen, Prinz(essin)! +2

Material: Stuhl mit Sitzkissen, Handtrommel, goldener oder silberner Tonkartonbogen DIN A3, Lineal, Tacker, Papierschnipsel, Kleberoller

Vorbereitung: Die Erzieherin schneidet aus dem Tonkarton einen Streifen von 50 x 10 cm aus. Die Kinder bekleben den Streifen mit bunten Papierschnipseln. Dann nimmt sie Maß am Kopf eines Kindes, legt die beiden Enden übereinander und tackert diese zusammen. Die überstehenden Enden scheidet sie ab. Am Ende schneidet sie gleichgroße Zacken bis zur Mitte des Streifens, sodass eine Krone entsteht, die mehr oder weniger gut allen Kindern passt.

Die Erzieherin legt auf einen Stuhl im Kreis ein Sitzkissen und unter diesen Stuhl die Papierkrone. Die Kinder stellen sich direkt vor die Stühle. Die Erzieherin holt eine Handtrommel und stellt sich in die Kreismitte. Zu jedem Trommelschlag gehen die Kinder einen Platz nach links im Kreis herum. Hört der Trommelschlaug auf, setzen sich alle Kinder auf den Stuhl, vor dem sie gerade stehen. Alle schauen zu dem Kind, das gerade auf dem Stuhl mit dem Sitzkissen Platz genommen hat und sich die Krone auf den Kopf setzt. Je nachdem, ob es sich um ein Mädchen oder einen Jungen handelt, sagt die Gruppe laut: „Guten Morgen, Prinzessin!" oder: „Guten Morgen, Prinz!" Danach legt das Kind die Krone wieder zurück unter seinen Stuhl. Alle stehen wieder auf und eine neue Spielrunde beginnt.

Teddy sagt zu dir: „Guten Morgen!" +1

Material: Teddybär oder anderes Kuscheltier

Die Erzieherin holt sich einen Teddy und setzt sich gemeinsam mit den Kindern in den Sitzkreis. Sie wendet sich dem Kind zu, das links neben ihr sitzt. Sie wünscht dem betreffenden Kind einen „Guten Morgen!" und überreicht ihm den Teddy. Das Kind darf nun den Teddy auf die gleiche Art seinem linken Nachbarskind übergeben. Das Spiel ist aus, sobald der Teddy einmal im Kreis herumgereicht wurde.

Guten Morgen, liebe Finger! +1

Die Erzieherin sitzt gemeinsam mit den Kindern im Kreis und sagt z. B.:

Guten Morgen, liebe Finger!

Dabei zappelt sie unaufhörlich mit den Fingern. Kurz drauf fragt sie die Kinder, welchen Körperteil sie nun begrüßen darf. Das kann z. B. die Hand, der Arm, das Bein, der Fuß oder gar der Kopf sein. Je nachdem, für welchen Körperteil sich die Kinder entscheiden, müssen sie den Satz mit dem entsprechenden Körperteil wiederholen. Dabei bewegen sie das genannte Köperteil. Nach ein paar Durchgängen beendet die Erzieherin das Spiel, indem sie sagt: „Guten Morgen, liebe Kinder!"

Variation für den Abschlusskreis: Wie die Kinder die einzelnen Körperteile begrüßt haben, können sie die einzelnen Körperteile auch wieder verabschiedet, indem sie z. B. „Tschüss, liebe Finger!" sagen und dabei mit ihren Fingern zappeln.

Hinweis: Bei diesem Spiel lernen die Kinder so ganz nebenbei einzelne Körperteile kennen und zu benennen.

Ein Begrüßungslied singen +1

Zur Begrüßung im Morgenkreis singen die Kinder immer ein Lied, das jedoch nicht zu lang sein darf und eine einprägsame Melodie hat, wie z. B. das altbekannte Lied „Bruder Jakob".

Bruder Jakob, Bruder Jakob,
schläfst du noch? Schläfst du noch?
Hörst du nicht die Glocken? (2x)
Ding dang dong, ding, dang, dong.

Die Kinder neigen ihren Kopf zur Seite und tun so, als ob sie schlafen würden. Wenn die Glocken läuten klatschen sie in die Hände.

Ein Abschiedslied singen

+1

Die Erzieherin singt gemeinsam mit den Kindern ein Lied zum Abschied, wie z. B. das altbekannte Lied „Alle Leut, alle Leut“:

Text: überliefert

Alle Leut, alle Leut
gehn jetzt nach Haus.
Große Leut, kleine Leut.
Dicke Leut, dünne Leut.
Alle Leut, alle Leut,
gehn jetzt nach Haus.

Die Kinder gehen auf der Stelle und bleiben dann stehen. Bei der entsprechenden Textstelle im Lied machen sie sich groß, stellen sich auf die Zehenspitzen und strecken ihre Arme in die Luft. Danach gehen sie in die Hocke und machen sich klein. Sie stehen auf und deuten mit ihren Armen einen dicken Bauch an. Dann pressen sie ihre Hände gegen den Bauch und laufen schließlich wieder so wie am Anfang auf der Stelle. Am Schluss winken sie sich gegenseitig zu.

Das gemeinschaftliche regelmäßige Singen am frühen Morgen macht Spaß und fördert das kooperative Verhalten, die Sprachentwicklung und das Rhythmusgefühl. Die Kinder werden fit und munter und haben so einen guten Start in den neuen Tag.

Wir starten mit einem Bilderbuch

+2

Material: Bilderbuch

Der Morgenkreis kann immer mit einer kurzen Geschichte beginnen. Hierfür muss die Erzieherin ein paar Bilderbücher parat haben, die dem Alter und Entwicklungsstand der Kinder gerecht werden. Kinder unter drei Jahren brauchen auf jeden Fall kurze Geschichten. Besonders viel Freude haben Kinder an Reimen und Bildern, die ihnen die Erzieherin besonders gut im Kreis präsentieren kann.

Variation für den Abschlusskreis: Im Abschlusskreis stellt die Erzieherin den Kindern noch einmal das Buch vor, das sie ihnen im Morgenkreis vorgelesen hat. Die Kinder sind stolz, wenn sie sich an die Geschichte erinnern und vielleicht das eine oder andere selbst dazu beitragen können.

Hallo, wer ist das?

+2

Material: Digital-Fotoapparat, Drucker

Vorbereitung: Die Erzieherin macht von jedem Kind ein Foto, die sie allesamt ausdruckt.

Die Kinder bilden einen Sitzkreis, in dessen Mitte die Erzieherin die Fotos umgedreht auf den Boden legt. Sie deckt ein beliebiges Foto auf und zeigt das Foto der Gruppe. Wer weiß, wie das Kind auf dem Foto heißt? Vielleicht erkennt sich ja auch eines von den Kindern selbst auf dem Foto. Auf jeden Fall geht sie zu dem betreffenden Kind, um es per Handschlag zu begrüßen. Das Foto legt die Erzieherin zur Seite, bevor sie oder das Kind, das sie soeben begrüßt hat, ein neues Foto aufdeckt und das Begrüßungsspiel fortsetzt.

Variation für den Abschlusskreis: Das Spiel verläuft wie oben beschrieben, jedoch werden die Kinder nun verabschiedet.

Tschüss! Tschüss! +2

Mit diesem kleinen Fingerspiel, das die Kinder mitspielen und mitsprechen, verabschiedet sich die Erzieherin von den Kindern.

Der Daumen sagt: „Tschüss! Tschüss! Ich muss jetzt gehen!“
Der Zeigefinger sagt: „Ich auch! Auf Wiedersehen!“
Die Drei gehen auch nach Haus.
Und schon ist die Spielzeit aus!

Eine Faust bilden. Erst den Daumen und dann den Zeigefinger ausstrecken. Die übrigen drei Finger folgen zugleich. Am Schluss die Hand hinter dem Rücken verschwinden lassen.

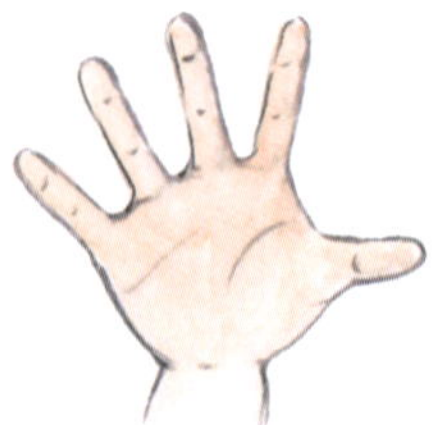

Die Puppe sagt „Tschüss!“ +1

Material: weiche Puppe oder Teddybär

Die Erzieherin holt für den Abschlusskreis eine handliche weiche Puppe oder einen Teddybären. Im Kreis reicht sie die Puppe dem Kind, das links neben ihr sitzt. Während sie nun laut „Tschüss!“ sagt, nimmt das Kind die Puppe entgegen. Das betreffende Kind wendet sich nun seinem linken Nachbarskind zu, um sich von diesem auf die gleiche Art zu verabschieden. Anstelle von „Tschüss!“, kann das Kind z. B. auch „Arrivederci!“ (ital.), „Adiós!“ (span.) oder „Güle güle! (türk.) sagen. Die Abschlussrunde ist beendet, sobald die Spielleitung wieder die Puppe in Händen hält.

Variation für den Morgenkreis: Im Morgenkreis wird die Puppe oder der Teddybär auf die gleiche Art eingesetzt. Allerdings sagen die Kinder dann einfach „Guten Morgen!“

Ein Händedruck zum Abschied +1

Die Erzieherin steht gemeinsam mit den Kindern im Kreis. Sie verabschiedet sich von den Kindern, indem sie z. B. „Auf Wiedersehen!“ sagt. Die Kinder wiederholen das Abschiedswort. Dabei streckt die Erzieherin gemeinsam mit den Kindern zu jeder Silbe die Arme kurz in die Luft. Die Erzieherin überlegt sich ein neues Abschiedswort, indem sie z. B. „Güle güle!“ oder einfach „Bye bye!“ ruft. Nach zwei bis drei Durchgängen ist die Abschlussrunde beendet und die Erzieherin löst gemeinsam mit den Kindern den Kreis auf.

Variation für den Morgenkreis: Im Morgenkreis verläuft das Spiel so wie im Hauptspiel beschrieben, jedoch sagt die Erzieherin dann z. B. „Guten Morgen!“, „Bonjour!“ (franz.) oder „Merhaba!“ (türk.)

Tücher-Abschiedstanz +2

Material: ruhige Instrumentalmusik, Abspielgerät, pro Kind 1 Chiffontuch

Die Erzieherin teilt die Tücher aus und stellt sich zu den Kindern in den Kreis. Zum Rhythmus der langsamen Musik schwingt die Erzieherin ihr Tuch auf und ab, hin und her oder dreht sich einfach um die eigene Achse. Die Kinder machen mit und ahmen alles nach. Ist die Musik beendet, winkt die Erzieherin den Kindern zum Abschied mit ihrem Tuch zu. Die Kinder winken mit ihren Tüchern zurück und sagen alle ganz laut „Tschüss!“.

Abschiedsrakete +2

Die Erzieherin sitzt gemeinsam mit den Kindern möglichst nah beisammen im Kreis. Miteinander lassen sie nun eine Abschlussrakete steigen, indem sie sich entweder auf den Boden knien und mit den Händen auf den Boden patschen oder mit den Füßen im Sitzen auf den Boden stampfen. Dabei wird ganz leise begonnen. Die Erzieherin zählt mit den Kindern von 1 bis 10 und bei jeder Zahl erfolgt das Patschen oder Stampfen immer lauter.
Bei der letzten Zahl reißen alle ihre Arme in die Luft und kreischen dabei laut. Die Erzieherin winkt der immer höher steigenden imaginären Abschiedsrakete nach und sagt dabei laut:

Tschüss, Rakete! Wir müssen gehen!
Liebe Kinder, auf Wiedersehen!

Die Kinder winken ebenfalls und rufen laut: „Tschüss!“, „Auf Wiedersehen!“ oder dergleichen.

Trostpflaster für kleine Patienten

Rituale, die Trost spenden und aufmuntern

Kleine Kinder haben einen großen Bewegungsdrang, wollen ihre Welt erkunden und fallen dabei auch mal im wahrsten Sinne des Wortes auf die Nase. Für diese Fälle sollte nicht nur der Erste-Hilfe-Kasten parat stehen, sondern es sollten auch Rituale zum Trostspenden und Aufmuntern abrufbar sein.

Ein Trostpflaster

Material: Pflaster und Filzstifte

Kleine Patienten, die z. B. ein aufgeschürftes Knie haben, können relativ rasch wieder aufgemuntert werden, indem ihnen die Erzieherin ein strahlendes Gesicht auf ihr Pflaster malt. Es soll dem Kind signalisieren, dass bald alles wieder verheilt und gut ist. Besonders jüngere Kinder freuen sich über eine solche Geste, bei der es ihnen gleich ganz warm ums Herz wird.

Hinweis: Pflaster, auf denen ein buntes aufmunterndes Motiv abgebildet ist, gibt es auch zu kaufen. Wesentlich schöner ist es jedoch, selbst ein schönes Motiv auf das Pflaster zu malen. Ältere Kinder können sogar entweder alleine oder mithilfe der Erzieherin selbst ein Motiv auf das Pflaster malen.

Rituale können sehr hilfreich sein, wenn Kinder traurig sind, sich krank fühlen oder aufgrund einer Krankheit längere Zeit die Einrichtung nicht besuchen können und somit von den anderen Kindern in der Gruppe jeden Tag aufs Neue vermisst werden. Im Folgenden gibt es jede Menge Spiele und andere Angebote, die Kindern so ganz nebenbei schnell wieder ein Lächeln ins Gesicht zaubern. Sie helfen, so manchen Kummer und Schmerz leichter zu ertragen und wieder positiv in die Zukunft zu blicken.

Eine aufmunternde Melodie

Kinder, die sich unwohl fühlen, können auf den Schoß und in den Arm genommen werden. Dabei tut es dem Kind gut, wenn ihm die Erzieherin eine bekannte Melodie leise ins Ohr summt – wie z. B. den Refrain des altbekannten Kinderliedes „Heile, heile Gänsje!“ – und passend dazu im Takt zur Melodie leichte Schaukelbewegungen macht.

Variation: Die Erzieherin singt leise ein fröhlicheres Lied, das das Kind beruhigen und wieder aufmuntern soll. Dabei kann das Kind natürlich auch mitsingen.

Auf dem Schoß sitzen und zuhören +2

Material: Kleinkindbilderbücher

Bilderbücher in der Krippe, die schön illustriert sind und in der Regel kurze Texte haben, können helfen, dass die betreffenden Kinder schnell wieder in die Gruppe zurück finden und sich bald wieder wohl fühlen. Besonders viel Freude haben die meisten Kinder daran, wenn sie beim Vorlesen von der Erzieherin auf den Schoß genommen und somit ganz individuell betreut werden. Sie genießen den körperlichen Kontakt und hören besonders aufmerksam zu.

Soll ich pusten?

Fällt das Kind z. B. auf eine Kante oder den Boden, kann es sich weh tun, ohne dass eine äußere Verletzung erkennbar ist. Unabhängig davon, ob die Schmerzstelle gekühlt werden muss oder nicht, haben insbesondere jüngere Kinder großen Gefallen daran, wenn ihnen die Erzieherin auf die Schmerzstelle pustet und ihnen sagt, dass bald alles wieder gut wird. Falls möglich, kann die Erzieherin auch gemeinsam mit dem Kind pusten, sodass es sich meist rasch wieder beruhigt. Zudem kann die Erzieherin dem Kind behutsam über den Kopf, Armen oder Händen streicheln.

Knuddeln und trösten

Hat sich ein Kind leicht verletzt, sollte die Erzieherin das betreffende Kind stets fragen, ob sie es in die Arme nehmen und trösten darf. Dabei kann das Kind auf dem Schoß genommen werden. Kinder, die erst ein paar Monate alt sind, werden natürlich ohne viele Worte gleich getröstet. Sie brauchen in der Regel den engen Körperkontakt, um sich wieder zu beruhigen.
Es empfiehlt sich, auf die Reaktion des Kindes zu achten. Dabei merkt die Erzieherin schnell, ob das Kind körperliche Nähe zulassen möchte oder nicht.

Kinder können es unglaublich genießen, bemuttert und umsorgt zu werden. Ein dazu passendes Spiel oder anderes Angebot kann Balsam für ihre Kinderseele sein, sodass es für die kleinen Patienten relativ schnell zu einem vertrauten Ritual werden kann, das ihnen gut tut und hilft, wieder fröhlich zu sein.

Hol erst tief Luft! +2

Kinder, die aufgeregt sind, wollen am liebsten gleich alles auf einmal erzählen. Damit die Kinder lernen, etwas langsamer und ruhiger zu sprechen, zählt die Erzieherin gemeinsam mit dem Kind bis drei. Dann atmen beide tief ein und möglichst doppelt so lange wieder aus. Danach fällt es den Kindern meist viel leichter, über das, was sie innerlich bewegt, zu sprechen.

Ein kleines Trostgeschenk +2

Material: kleines Spielzeug oder ein anderes Geschenk (Püppchen, Packung Knetmasse, Malbuch)

Ein kleines Geschenk, das nicht viel kosten muss, kann helfen, so manchen Kummer und Schmerz besser zu ertragen. Ein solches Trostgeschenk sollte die Ausnahme sein.
Konnte das Kind sich wieder etwas beruhigen, überreicht ihm die Erzieherin ein kleines Spielzeug oder ein anderes Geschenk zum Trost. Die Kinder freuen sich über die Anteilnahme, sodass sie sich in der Regel wieder viel schneller anderen Dingen zuwenden können.

Polzisten auf der Spurensuche +2

Jedes Kind sucht irgendwann einmal etwas, das ihm gehört. Die Aufregung für das betreffende Kind ist meist groß, sodass es relativ schnell in Panik geraten und weinen kann. Damit sich das betreffende Kind wieder rasch beruhigt, eignet sich dieses Spiel.
Die Erzieherin ruft alle Polizisten – die anderen Kinder – zum Einsatzort herbei und bittet sie, sich auf die Spurensuche zu machen. Damit jedoch die Polizisten bzw. Kinder wissen, was sie genau suchen müssen, beschreibt das Kind und die Erzieherin möglichst genau den vermissten Gegenstand.

Hinweis: Sollte die Suche erfolglos sein, kann die Erzieherin das Kind beruhigen, indem sie z. B. im Beisein des Kindes die Eltern telefonisch über den Vorfall informiert und die Suche in den nächsten Tagen fortsetzt. Kinder, die wissen, dass ihre Eltern ebenfalls ruhig auf den Vorfall reagieren, können sich selbst auch wieder viel schneller beruhigen.

Manege frei für den Clown! +1

Material: Pappnase, bunter Hut o. Ä.

Bei einem kleinen Missgeschick – etwa wenn im Kreis ein Kind vom Stuhl fällt oder einem Kind, das neben ihm sitzt, durch eine ungeschickte Bewegung weh tut – kann die Erzieherin die betreffenden Kinder meist schnell wieder aufmuntern, indem sie eine Clown-Nummer vorführt. Dabei spielt sie einen Clown, der in der Kreismitte jede Menge Unsinn macht, sodass nicht nur das Kind, sondern auch die ganze Gruppe lacht. Hierfür sollte sich jedoch der „Clown" eine Pappnase und einen bunten Hut aufsetzen. Allein schon die Aufmachung zaubert den Kindern schnell wieder ein Lächeln ins Gesicht.

Eine Genesungskarte schicken +1

Material: farbiges Tonpapier (DIN A4), Fingerfarben, Filzstifte, Malkittel und Zeitungen, Briefkuvert (DIN A5), evtl. kleines Geschenk, z. B. Stoffpüppchen oder Baby-Rassel

Kinder, die längere Zeit krank sind und die Einrichtung nicht besuchen können, freuen sich über eine kleine Aufmerksamkeit von ihren Spielkameraden.

Die Erzieherin faltet das Papier wie ein Buch in der Mitte. Auf der vorderen Seite schreibt sie z. B. „Liebe(r) (Name des Kindes einsetzen)! Wir wünschen Dir eine recht gute Besserung!"

Dann faltet sie das Papier auf, bereitet auf den Tisch die Zeitungen aus und stellt die Fingerfarben bereit.

Nacheinander ziehen die Kinder nun einen Malkittel an und dürfen einen Fingerabdruck machen. Die Erzieherin schreibt unter jeden Abdruck den Namen des Kindes. In das Briefkuvert kommen die Karte und gegebenenfalls ein kleines Geschenk.

In der Kuschelecke +1

Material: Kuschelecke mit Decken und Kissen

In nahezu jeder Einrichtung gibt es eine Kuschelecke zum Spielen, Verweilen und Träumen. Die Kuschelecke, in der sich meist auch Kissen und Decken befinden, eignet sich hervorragend, um sich vom Gruppengeschehen etwas zurückzuziehen und somit zur Ruhe zu kommen.
Kinder, die aus irgendeinem Grund traurig sind, können sich entweder allein oder im Beisein der Erzieherin in die Kuschelecke setzen oder legen und sich auf diese Weise wieder etwas beruhigen und neue Kraft schöpfen.

Auf dem Schaukelpferd +2

Material: Schaukelpferd mit niedriger Sitzhöhe

Das Schaukeln auf einem Schaukelpferd bereitet den Kindern nicht nur großes Vergnügen, sondern hilft ihnen auch, wieder zur Ruhe kommen.
Das Kind, das gerade traurig ist, darf sich auf das Schaukelpferd setzen und schaukeln. Die Erzieherin kniet sich direkt neben das Schaukelpferd und sagt oder singt z. B. die erste Strophe des Kinderlieder-Klassikers „Hopp, hopp, hopp Pferdchen lauf Galopp!“

Hopp, hopp, hopp,
Pferdchen lauf Galopp!
Über Stock und über Steine,
aber brich dir nicht die Beine!
Hopp, hopp, hopp …

Das Handschuhtier tröstet dich

+1

Material: Handspielpuppe als Handschuh gearbeitet, Taschentücher

Die Erzieherin trägt einen Handschuh, der z. B. ein Tier darstellt. Sie gibt der Handspielpuppe ihre Stimme und spricht ganz ruhig zu dem Kind. Mithilfe der Handspielpuppe kann sie sogar ein Taschentuch festhalten und dem betreffenden Kind, falls nötig, die Nase putzen und natürlich auch so manche Träne gleich trocknen.

Handspielpuppen, die als Handschuh gearbeitet sind, eignen sich nicht nur zum Geschichten erzählen, sondern auch um ein Kind z. B. über den Kopf zu streicheln und zu trösten.

Fingerpüppchen, ich helfe dir!

+2

Material: 2 Fingerpüppchen

Die Erzieherin holt zwei Fingerpüppchen für den linken und rechten Zeigefinger. Sie spielt dem Kind vor, wie das Fingerpüppchen weint. Das andere Fingerpüppchen versucht zu beruhigen. Dabei streichelt sie mit dem einem Finger über den anderen. Sie versucht zu erforschen, weshalb das Fingerpüppchen so traurig ist. Je nachdem, wo sich das Kind verletzt hat, bezieht die Erzieherin die Körperstelle in das Rollenspiel mit ein. Sie zeigt dem Kind mithilfe der Fingerpüppchen, wie es sich rasch wieder beruhigen kann, indem es z. B. sich von der Erzieherin umarmen und trösten lässt. Vielleicht möchte das Kind am Ende ebenfalls von der Erzieherin getröstet und umarmt werden?

Hinweis: Mithilfe von kleinen Rollenspielen kann Kindern, die traurig sind, gezeigt werden, dass Trost und eine Umarmung gut tun kann. Das hilft insbesondere Kindern, die sich damit schwertun körperliche Nähe zuzulassen.

Hoppe hoppe Reiter

+2

Das Kind sitzt auf dem Schoß der Erzieherin und zwar so, dass sich beide gegenseitig gut sehen können. Miteinander sagen oder singen sie folgenden Kniereiter-Vers, zu dem die Erzieherin das Kind sanft auf den Knien reiten lässt. Bei „Plumps!“ öffnet sie die Knie und fängt das Kind auf, bevor es auf den Boden fällt.

Hoppe hoppe Reiter,
wenn er fällt dann, dann schreit er.
Fällt er in den Graben,
fressen ihn die Raben.
Fällt er in den Sumpf,
macht der Reiter plumps.

Anschließend kann die Erzieherin den altbekannten Vers ergänzen, indem sie das Kind fragt:

Wer fiel in den Sumpf
und machte da plumps?

Das Kind antwortet: „Ich!“
Daraufhin sagt die Erzieherin:

(Name des Kindes) macht das gar nichts aus
und reitet nach Haus.

Wird der Vers ergänzt, darf das Kind noch einmal sich auf ihren Schoß setzen. Das Kind reitet nun langsam auf seinem „Pferd“.

Kniereiterspiele trainieren den Gleichgewichtssinn, fördern die Sprachentwicklung und das Sprachgefühl. Zudem wird ein Gefühl von Geborgenheit vermittelt, die insbesondere Kinder brauchen, die gerade traurig sind oder sich einfach unwohl fühlen.

Hex, hex, die Tränen sind weg! +2

Material: Hexenbesen bzw. Stubenbesen, Kopftuch, Taschentücher
für die Variation: Zauberstab

Die Erzieherin holt einen Hexenbesen und setzt sich ein Kopftuch auf. Mit dem Hexenbesen eilt sie gleich herbei und erklärt dem Kind, dass sie eine gute Hexe ist, die Tränen forthexen und Kinder wieder fröhlich machen kann. Hierfür braucht sie natürlich auch einen Hexenspruch, der folgendermaßen lauten kann:

Hexenschleim und Krötendreck,
alle Tränen sind jetzt weg!
Hex, hex, die Tränen sind weg!

Dabei trocknet sie dem Kind die Tränen mit einem Taschentuch. Falls das nichts hilft, bittet sie das Kind, den Spruch noch einmal aufsagen zu dürfen. Vielleicht kann das Kind ja auch die „Hexe“ unterstützen, indem es den Text mitspricht.

Variation: Die Erzieherin ist eine Zauberin und schwingt den Zauberstab in der Luft und sagt:

Abrakadabra!
Es ist keine Träne mehr da!
Hurra, hurra, hurra, hurra!

Teddy Trost +1

Material: weicher Teddybär oder anderes Kuscheltier

Merkt die Erzieherin, dass ein Kind traurig ist, dann kann das viele Gründe haben. Es kann z. B. schlecht geschlafen haben und müde sein oder sich einfach unwohl oder gar krank fühlen. Zum Kuscheln und Festhalten bietet sich ein weicher Teddybär oder ein anderes Kuscheltier an. Vielleicht gibt es in der Einrichtung ja auch einen speziellen Teddybären, der z. B. Teddy Trost heißt und insbesondere den Kindern zur Verfügung steht, denen es gerade nicht so gut geht.

Saubere Hände und blitzblanke Zähne

Rituale zum vergnüglichen Händewaschen und Zähneputzen

Zähneputzen und Händewaschen ist wichtig, und beides hat zu Recht feste Plätze im Tagesablauf. Damit es nicht zu einer lästigen Pflicht wird, eignen sich kleine Rituale, auf die sich die Kinder stets freuen dürfen.

Quakender Frosch

+1

Material: Quakender Frosch (Musikinstrument)
für die Variation: Wavedrum

Die Erzieherin kann das Händewaschen nicht nur verbal, sondern auch mithilfe eines Musikinstruments ankündigen, indem sie z. B. mit dem Stab aus Samena-Holz über den Kamm des Frosches streicht. Auf diese Weise entsteht das typische Quaken. In diesem Moment wissen die Kinder ganz genau, was zu tun ist. Im Beisein der Erzieherin dürfen sie wie Frösche in den Waschraum hüpfen, um ihre Hände mit Seife zu waschen und schließlich die Hände wieder richtig abzutrocknen.

Variation: Die Erzieherin benutzt die Wavedrum, um das gemeinsame Händewaschen anzukündigen. Hierfür bewegt sie die Wavedrum, die mit Metallkügelchen gefüllt ist, hin und her. So wird der Klang von Wellen (Meeresbrandung) erzeugt und ist das akustische Zeichen für die Kinder in den Waschraum zu gehen.

1, 2, 3 alle Waschbären sind bereit!

+1

Kinder, die miteinander frühstücken oder mittagessen wollen, können auch gemeinsam vor der Mahlzeit in den Waschraum gehen, um ihre Hände zu waschen. Dabei sagt die Erzieherin folgenden Spruch:

1, 2, 3 alle Waschbären sind bereit!
Wir gehen jetzt gemeinsam Händewaschen!

Die Erzieherin bildet mit den Kindern eine Kette und geht gemeinsam mit ihnen in den Waschraum.

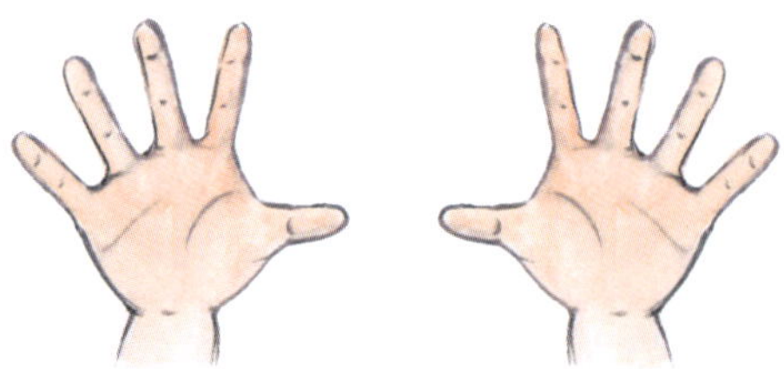

Wassertiere, aufgepasst! +2

Material: kleiner Korb mit Tierpostkarten von Wassertieren, z. B. Delphin, Hai, Seehund, Pinguin, Eisbär, Frosch

Bevor die Kinder in den Waschraum zum Händewaschen gehen, darf ein beliebiges Kind eine Karte aus dem Korb nehmen und den anderen Kindern zeigen. Wer weiß, wie das abgebildete Tier heißt und wie es sich fortbewegt?
Wurden die beiden Fragen geklärt, spielt jedes Kind das ausgewählte Tier, das sich in Richtung Waschraum bewegt.

Händewaschen, das muss sein! +1

Das folgende Fingerspiel bietet sich unmittelbar vor dem Händewaschen an.

Händewaschen, das muss sein!
Mit Seife riecht es ganz fein!
Sonst bist du gleich ein Dreckspatz,
denk dran, mein kleiner Schatz!

Die Erzieherin sagt den Vers auf und reibt dabei zunächst beide Handflächen gegeneinander. Dann riecht sie an den Händen, macht mit den Armen Flügelbewegungen und zeigt zum Schluss auf ein beliebiges Kind.

Knisterfisch, komm zu mir! +2

Material: pro Waschbecken 1 Knisterfisch aus Baumwolle und Knisterfolie

Vorbereitung: Falls es in der Einrichtung nicht schon Knisterfische gibt, stellt die Erzieherin sie aus einem Stück Baumwolle und Knisterfolie einen her. Dafür werden einfach gleichgroße zwei Fisch-Umrisse ausgeschnitten, aufeinander genäht und mit knisternder Folie ausgestopft, bevor sie zugenäht werden.

Die Erzieherin legt auf jedes Waschbecken einen Knisterfisch. Die Kinder stellen sich vor jeweils einem freien Waschbecken auf und waschen sich eines nach dem anderen die Hände. Erst wenn sie fertig sind, übergeben sie den Fisch einem weiteren Kind, das jetzt mit Händewaschen an der Reihe ist. Währenddessen trocknen sie ihre Hände ab und gehen in Richtung Gruppenraum.

Entchen auf dem See +1

Material: Quietscheentchen

Die Kinder legen das Quietscheentchen in das Waschbecken, dessen Öffnung sie mit dem Stöpsel verschließen. Dann geht's los! Die Erzieherin dreht den Wasserhahn etwas auf, sodass die Kinder der Reihe nach ihre Hände waschen können. Dabei füllt sich das Becken mit Wasser und das Quietscheentchen schwimmt bald auf einem „See". Bevor jedoch das Wasser überläuft, dreht die Erzieherin den Wasserhahn wieder zu.

Variation für Kinder ab 2 Jahren: Während die Kinder der Reihe nach ihre Hände waschen, singen sie ein passendes Lied, z. B. der Kinderlieder-Klassiker „Alle meine Entchen":

Alle meine Entchen
schwimmen auf dem See,
schwimmen auf den See,
Köpfchen in das Wasser,
Schwänzchen in die Höh.

Autowaschanlage +2

Material: Tennisringe

Jedes Kind erhält einen Tennisring, den es mit beiden Händen wie ein Lenkrad festhält. Die Kinder spielen Autos und „fahren“ nicht zu schnell im Gruppenraum herum. Irgendwann jedoch wird es Zeit, die Autos bzw. Hände zu waschen. Die Erzieherin bittet die Kinder in Richtung Waschraum zu fahren bzw. zu gehen. Die Kinder legen ihre Tennisringe zur Seite und waschen ihre Hände. Die Erzieherin erklärt den Kindern, dass die Autos bzw. Hände nass gemacht, schamponiert bzw. eingeseift und schließlich wieder gewaschen werden. Dementsprechend seifen die Kinder ihre Hände ein und waschen die Seife mit Wasser wieder ab. Am Schluss dürfen alle Kinder ihre Hände abtrocknen. Dabei tun sie so, als ob die Autos so wie in einer Waschanlage trocken geföhnt werden.

Hinweis: Das Händewaschen macht diesem kleinen Rollenspiel ganz viel Spaß! Damit jedoch die Kinder sich immer wieder aufs Neue darauf freuen, empfiehlt es sich, dieses Spiel nur einmal in der Woche durchzuführen.

Wozu Zähne putzen? +1

Das folgende Fingerspiel bietet sich unmittelbar vor und nach dem Zähneputzen an. Es macht den Kindern bewusst, weshalb sie ihre Zähne putzen müssen.

Meine Zähne putz ich jeden Tag,
da ich weiße Zähne einfach mag.
Meine Zähne putz ich jeden Tag,
da ich gesunde Zähne sehr mag.
Meine Zähne putz ich jeden Tag,
da ich schöne Zähne einfach mag!

Beim Aufsagen des Verses erst auf die eigenen Zähne deuten, dann mit dem Zeigefinger eine Zahnbürste darstellen und so tun, als ob man Zähneputzen würde. Am Schluss wieder auf die eigenen Zähne deuten. Den ganzen Vorgang dreimal wiederholen.

Hallo, Zahnbürste! +1

Material: Zahnpflege-Modell, Riesenzahnbürste

Ein Zahnpflege-Modell sollte jede Einrichtung haben, damit die Erzieherin den Kindern sehr anschaulich zeigen kann, wie man die Zähne richtig putzt. Zudem kann mit dem Zahnpflege-Modell auch dieses Spiel gespielt werden.
Immer wenn es Zeit wird die Zähne zu putzen, wählt die Erzieherin ein beliebiges Kind aus, das die Riesenzahnbürste erhält. Je nachdem, wie alt das Kind ist, kann es sich entweder alleine oder mithilfe der Erzieherin vor die Gruppe stellen und dabei die Riesenzahnbürste für alle gut sichtbar in die Luft halten. Es sagt z. B. ganz laut:

Hallo, die Zahnbürste ist jetzt da!
Wir wollen Zähneputzen, hurra!

Die Kinder versammeln sich um das Kind und gehen gemeinsam in den Waschraum, um ihre Zähne zu putzen.

Die Zahnputzfee-Gruppe ist dran! +1

Material: Kinderzahnpasta, pro Kind 1 Zahnbürste und 1 Zahnputzbecher

Besonders jüngere Kinder sollten beim Zähneputzen nicht alleine gelassen werden. Es empfiehlt sich also, die Kinder in Kleingruppen einzuteilen und mit den Gruppen der Reihe nach in den Waschraum zu gehen, um gemeinsam die Zähne zu putzen. Damit jedoch die Kinder wissen, welche Gruppe gerade an der Reihe ist, bekommt jede Zahnputzgruppe einen Namen, wie z. B. Zahnputzfee, Zahnputzriesen oder Zahnputzpolizei. Die Gruppe, die die Spielleitung mit ihren Namen aufruft, darf dann gemeinsam mit ihr in den Waschraum gehen, um die Zähne zu putzen.

Zahnputzuhr +1

Material: Sanduhr (3 Min.) bzw. Timer mit Signalton

Bevor die Kinder mit dem Zähneputzen beginnen, dreht die Erzieherin die Sanduhr um, die sie auf das Waschbecken stellt. Die Kinder putzen ihre Zähne und beobachten, wie der Sand in der Sanduhr langsam und gleichmäßig von oben nach unten rieselt. Dabei wird ihnen vor Augen geführt, wie die Zeit vergeht. Erst wenn kein Sand mehr rieselt, beenden sie das Zähneputzen.

Variation: Anstelle einer Sanduhr können die Kinder auch einen Timer mit Signalton verwenden. Die Erzieherin stellt drei Minuten ein. Ist die Zeit abgelaufen, erfolgt ein akustisches und optisches Signal. Die Kinder können das akustische Signal nachahmen und dabei zeigen, dass sie es gehört und verstanden haben.

Meine Zähne putz ich mehrmals am Tag! +2

Kurze Sprüche, die den Kindern die Wichtigkeit des Zähneputzens verdeutlichen, sind nicht nur einprägsam, sondern machen den Kindern auch immer wieder den Sinn des Zähneputzens bewusst.
Die Kinder können jedes Mal vor dem Zähneputzen den folgenden Spruch aufsagen:

Meine Zähne putz ich mehrmals am Tag,
da ich schöne, gesunde Zähne sehr mag!

Danach putzen alle Kinder gemeinsam ihre Zähne. Am Ende dürfen alle Kinder ihre blitzblank geputzten Zähne der Erzieherin zeigen, die die Kinder schließlich lobt.

Zahnputz-Riese

+2

Material: Zahnpflege-Modell, Kinderzahnpasta, Sanduhr (3 Min.) oder Timer, pro Kind weiche Zahnbürste und 1 Zahnputzbecher

Die Erzieherin spielt einen Riesen und demonstriert den Kindern mithilfe eines 3-fach vergrößerten Gebiss bzw. dem Zahnpflege-Modell das richtige Zähneputzen. Sie stellt die Sanduhr bzw. den Timer, die Kinder holen sich ihre Zahnputzsachen und machen gleich alles nach.
Mit der Zahnbürste für Riesen putzt sie erst alle unteren, dann oberen Kauflächen. Danach folgt die kreisende Bewegung mit der Zahnbürste auf den Außenflächen der Zähne. Sie fängt in der Mitte an und putzt bis in die rechte und linke Seitenzahnregion. Dann geht's weiter, indem sie die Zahnbürste so dreht, dass sie die Innenfläche der Zähne von Rot nach Weiß durch Abstreifen der Bürste gut putzen kann. Damit es jedochnicht so spritzt, bildet sie mit der anderen Hand ein Flachdach dirket unterhalb der Nase. Sie beginnt in der Mitte unten und putzt dann weiter die Innenflächen der rechten und linken Zahnregion. Auf die gleiche Weise putzt sie schließlich auch die Innenfläche der oberen Zähne.

Spieglein an der Wand

+1

Nach jedem Zähneputzen stellen sich alle Kinder vor einen Spiegel im Waschraum. Die Erzieherin sagt dann laut:

Spieglein an der Wand, Spieglein an der Wand,
wer hat die schönsten Zähne im ganzen Land?

Die Kinder machen weit ihren Mund auf und betrachten ihre blitzblank geputzten Zähne. Die Erzieherin lobt die Kinder für ihre sauber geputzten Zähne.

Die Zahnputz-Polizei

+1

Material: Handspielpuppe Polizist, Zahnbürste

Konnten alle Kinder ihre Zähne putzen, taucht der Zahnputz-Polizist(in) bzw. eine Handspielpuppe mit Polizeimütze auf. Die Erzieherin hält mit der Handspielpuppe eine Zahnbürste und geht zu den einzelnen Kindern. Sie dürfen dem Zahnputz-Polizisten ihre geputzten Zähne zeigen. Die Erzieherin hält die Handspielpuppe vor den Mund eines Kindes und bittet es, den Mund zu öffnen. Mithilfe der Handspielpuppe schaut sie nach, ob die Zähne tatsächlich alle sauber geputzt sind. Falls nicht, bittet die Erzieherin das betreffende Kind, seine Zähne noch einmal zu putzen. Auf die gleiche Weise prüft sie die Zähne der anderen Kinder. Das Spiel ist aus, sobald alle Kinder ihre Zähne richtig geputzt haben.
Am Ende lobt natürlich der Zahnputz-Polizist(in) die Kinder für ihre blitzblank geputzten Zähne.

Die ersten Zähne bei ganz Kleinen können mit einem Wattebausch nach jeder Mahlzeit kurz abgewischt oder mit einer weichen Babyzahnbürste ganz behutsam abgestrichen werden. Sobald jedoch die Kinder alle Milchzähne haben, müssen sie das richtige Zähneputzen lernen als die beste Vorbeugung für Zahn- und Zahnfleischerkrankungen.

Miteinander essen und trinken

Rituale rund um das Frühstück und Mittagessen

Miteinander am Esstisch verweilen, das macht Kindern viel Spaß. Die Kinder lernen nicht nur gute Tischmanieren kennen, sondern erleben auch das soziale Miteinander am Tisch. Sie essen und trinken ganz unbefangen mit der Gruppe und freuen sich, ein Teil der Gemeinschaft zu sein.

Eltern-Kind-Frühstück

Material: Lebensmittel für das gemeinsame Frühstück, pro Kind oder Erwachsener 1 Gedeck, pro Kind 1 Schürze, 1 Schneidebrett und 1 Messer

Ein Eltern-Kind-Frühstück stärkt das Wir-Gefühl und bewirkt, dass alle ein vollwertiges gesundes Frühstück zubereiten und genießen.

In der Einrichtung kann etwa einmal im Monat – am besten an einem bestimmten Wochentag und zu einer bestimmten Uhrzeit – ein gemeinsames Frühstück stattfinden, zu dem die Kinder und deren Eltern herzlich eingeladen werden. Die Eltern können entweder die Zutaten mitbringen oder sich die Kosten für die Lebensmittel teilen. Im ersten Fall sollte frühzeitig eine Einkaufsliste im Eingangsbereich hängen, in der die einzelnen Lebensmittel aufgelistet sind. Die Eltern brauchen nur noch ihren Namen hinter die einzelnen Zutaten zu schreiben. Auf diese Weise wissen die Eltern genau, was noch benötigt und besorgt werden muss.

Sollten jedoch die Eltern für das Frühstück bezahlen, besorgen die Erzieherinnen oder der Elternbeirat die Zutaten. Unabhängig davon sollten die Eltern gemeinsam mit ihren Kindern das Frühstück zubereiten.

Variation: Anstelle eines Eltern-Kind-Frühstücks kann auch ein Eltern-Kind-Mittagessen stattfinden. Hierfür sollte man einfache am besten vegetarische Gerichte auswählen, die schnell zubereitet werden können, wie z. B. Vollkornspagetti mit Tofu-Bolognese und grünem Salat.

Tischsprüche, Fingerspiele & Co zeigen, wie Kinder die gemeinsame Brotzeit oder das gemeinsame Mittagessen besonders schön beginnen und beenden können. Dabei beschäftigen sie sich ganz nebenbei mit dem Thema „gesunde Ernährung“. Zudem werden auch Rituale vorgestellt, die nicht nur mit den Kindern, sondern auch mit deren Eltern durchgeführt werden können. Sie fördern das gute Miteinander, die Kommunikation und nicht zuletzt das Familienerleben.

Tischglocke

+1

Material: Glocke mit Griff oder Gong

Zur Frühstücks- oder Mittagszeit benutzt die Erzieherin eine Tischglocke, die sie ein paarmal kurz hintereinander erklingen lässt. Haben alle Kinder die Hände gewaschen, setzen sie sich gemeinsam an den Tisch, um schließlich miteinander zu frühstücken oder das Mittagessen einzunehmen.

Variation: Ein beliebiges Kind aus der Gruppe wählt die Erzieherin aus, das einmal kräftig auf den Gong schlagen bzw. die Tischglocke erklingen lassen darf. Ein akustisches Zeichen für die Kinder, dass sie nun zum Esstisch kommen sollen.

Trommel alle herbei!

+2

Material: Handtrommel

Ein beliebiges Kind erhält die Trommel. Die Erzieherin und das betreffende Kind rufen laut: „Kommt alle herbei, es ist Essenszeit!"
Daraufhin trommelt das Kind alle Kinder herbei, die sich schließlich gemeinsam die Hände waschen und an den Esstisch setzen.

Kommt alle herbei!

+1

Die Erzieherin kann die Kinder zum Frühstücks- oder Mittagstisch mithilfe eines dazu passendes Spruchs herbeirufen, z. B.:

1, 2, 3 – es ist soweit:
Es ist wieder Essenszeit!

Die Kinder versammeln sich um die Erzieherin herum und setzen sich schließlich gemeinsam mit ihr an den Frühstücks- oder Mittagstisch. Guten Appetit!

Meine Tasse

+2

Material: pro Kind 1 Tasse, Porzellanfarbe

Vorbereitung: Einfache weiße Porzellantassen können die Kinder individuell gestalten, indem sie ihre Tassen im Beisein der Erzieherin einfach anmalen. Außerdem kann die Erzieherin den Namen des Kindes auf die Tasse schreiben.

Die Kinder setzen sich an den Tisch. Nacheinander dürfen die Kinder ihre Tassen holen, die sich z. B. farblich gut voneinander unterscheiden. Ist das Frühstück- oder Mittagsessen beendet, bringen die Kinder ihre Tassen in die Küche. Jedes Kind darf entweder alleine oder mithilfe der Erzieherin seine Tasse spülen und abtrocknen oder in die Spülmaschine einräumen.

Ein Flöten-Ständchen

+1

Material: Blockflöte oder Glockenspiel

Damit die Kinder, die am Essenstisch sitzen, erst einmal zur Ruhe kommen und leise werden, bietet sich ein kurzes Flötenstück an. Hierfür kann die Erzieherin ein altbekanntes Kinderlied wie z. B. „In meinem kleinen Apfel!“ spielen. Statt einer Flöte kann sie auch ein Glockenspiel einsetzen. Ist das Musikstück beendet, geben die Kinder sich gegenseitig die Hände und wünschen sich einen „guten Appetit!“

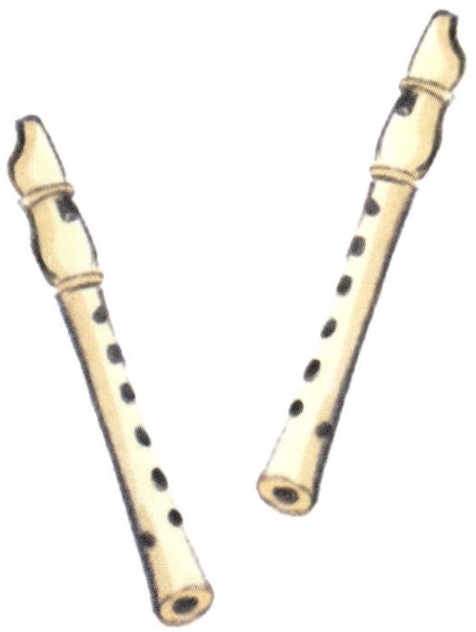

Guten Appetit wünsche ich dir! +1

Kinder lieben Tischsprüche, die sie gemeinsam aufsagen. Sie fördern das Wir-Gefühl und tragen zu einer harmonischen Tischatmosphäre bei.
Die Kinder, die gemeinsam am Essentisch sitzen, geben sich gegenseitig die Hände und sagen z. B. folgenden Tischspruch:

Guten Appetit wünsche ich dir!
Guten Appetit wünschst auch du mir!

Die Kinder lassen sich gegenseitig los und fangen an miteinander zu essen.

Wir reichen uns die Hände +1

Die Kinder sitzen am gedeckten Tisch und geben sich gegenseitig die Hände. Während sie nun z. B. den Tischspruch „Guten Appetit wünsche ich dir!" aufsagen, bewegen sie zu jeder Silbe ihre Arme leicht auf und ab.

Variation: Anstelle des Tischspruchs können die Kinder auch Hand in Hand ein Tischgebet aufsagen, das z. B. folgendermaßen lauten kann:

Lieber Gott, hab Dank
für Speis und Trank.

Was ist im Fühlsack? +2

Material: Fühlsack bzw. Stoffsack mit gesunden Nahrungsmitteln aus Holz oder Plastik wie z. B. Apfel, Paprika und Käse und mit ungesunden Nahrungsmitteln aus Holz oder Plastik wie z. B. Schokolade, Eis und Pommes

Vor jeder gemeinsamen Mahlzeit, darf ein Kind, das die Erzieherin auswählt, ein Spielzeug-Nahrungsmittel aus dem Sack holen, das es benennt und der Gruppe zeigt. Wer weiß, ob es sich hierbei um ein gesundes oder ungesundes Nahrungsmittel handelt?

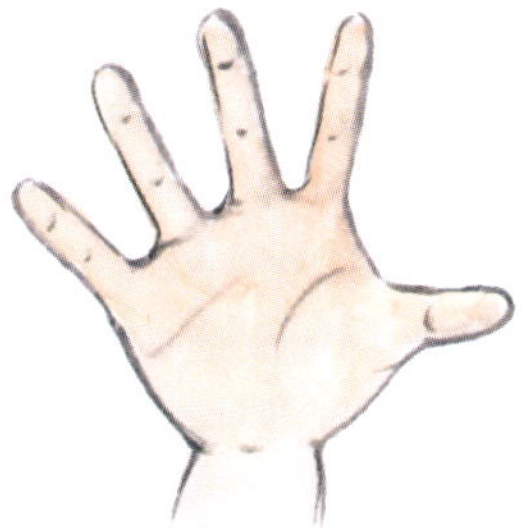

Variation: Das Kind versucht, ein Nahrungsmittel, das die Erzieherin in den Sack legt, durch Tasten zu erkennen. Nachdem es geraten hat, darf es zur Kontrolle das abgetastete Nahrungsmittel aus dem Sack holen. Handelt es sich hierbei um ein gesundes Nahrungsmittel? Die Gruppe darf Antwort geben.

Wir wollen schön essen! +1

Fünf Finger wollen schön essen
und nicht so wie Schweine fressen.
Alle Teller stehen schon bereit.
Zum Essen wird es höchste Zeit!
Guten Appetit!

Zu diesem Reim führt die Erzieherin mit den Kindern ein kleines Fingerspiel auf: Alle fünf Finger ausstrecken. Mit einer Hand so tun, als ob man eine Suppe essen würde. Dann mit dem imaginären Löffel ganz schnell essen. Den Teller in die Luft heben, sodass ihn alle gut sehen können. Die Kinder geben sich am Ende gegenseitig die Hände und wünschen sich schließlich einen „Guten Appetit!“.

Die Puppe isst Suppe +2

Material: Handspielpuppe, Topf mit Suppe, pro Kind 1 Suppenteller und 1 Suppenlöffel

Die Erzieherin setzt sich mit der Handspielpuppe zu den Kindern, die allesamt einen Teller Suppe vor sich stehen haben, an den Esstisch. Sie zeigt den Kindern, wie man eine Suppe isst. Dabei sagt sie den folgenden Vers auf und agiert dazu mit der Puppe.

Hör gut zu und pass auf,
kleine Puppe.
Mit dem Löffel
probiere ich die Suppe.

Die Erzieherin hält in der linken Hand die Handspielpuppe und in der rechten den Suppenlöffel. Sie zeigt, wie man einen Suppenlöffel in der Hand hält und Suppe isst.

Ich schmatze nicht
und mach keinen Quatsch.
Jetzt versuch es auch du,
kleiner Schatz.

Sie deutet auf sich selbst und schließlich auf die Puppe.
Nun dürfen alle Kinder zeigen, ob sie etwas gelernt haben. Guten Appetit.

Es hat gut geschmeckt! +1

Das gemeinsame Frühstück wird besonders schön beendet, wenn die Kinder gemeinsam mit der Erzieherin einen passenden Spruch aufsagen.

Es hat gut geschmeckt, es war so lecker.
Morgen gibt's wieder etwas vom Bäcker!

Zu jeder Silbe des Spruchs wird mit flachen Händen auf die Tischplatte oder Oberschenkel gepatscht.

Es ist Zeit zum Frühstücken +2

Material: große Uhr, Handtrommel

Die Erzieherin frühstückt mit den Kindern immer zu einer bestimmten Uhrzeit. Sie holt eine Handtrommel, deutet auf die Uhr und sagt:

1, 2, 3, 4, 5, 6, 7, 8, 9!
Es ist Frühstückszeit!

Für jede Stunde bzw. Zahl trommelt sie einmal. Danach sagen alle Kinder einen Tischspruch, z. B.: „Guten Appetit wünsche ich dir!“ (siehe Seite 52). Zum Essen bekommen die Kinder genügend Zeit. Die Kinder sprechen miteinander, sind fröhlich und bekommen so ganz nebenbei von der Erzieherin gezeigt, wie man etwa einen Löffel richtig in der Hand hält. Das gemeinsame Mittagessen beenden alle mit einem Schlussspruch (siehe Seite 56).

Süßes zum Nachtisch +1

Material: Schneidebretter und Messer, pro Kind ein Stück Obst der Saison

Zum Nachtisch darf sich jedes Kind eine Frucht aussuchen, die die Erzieherin oder ein paar Kinder mithilfe der Erzieherin kleinschneiden. Die Apfel- und Birnenschnitze oder Bananenscheiben ordnet die Spielleitung kunstvoll auf den einzelnen Tellern an, sodass das kleingeschnittene Obst gleich doppelt so gut schmeckt.

Damit die Kinder nicht so viel Süßes zwischendurch naschen, sollten Kinder süße Köstlichkeiten erst zum Nachtisch bekommen. Es muss jedoch nicht immer Schokolade oder Eis sein. Frisches Obst, das ebenfalls süß schmeckt, erfreut den Gaumen und liefert u. a. viele wichtige Vitamine, die Groß und Klein brauchen.

Hm, ich bin so satt! +2

Die Raupe sagt:
Hm, ich bin so richtig satt!
Ja, ich fresse gar kein Blatt!
Ich will spazieren gehen.
Bis bald! Auf Wiedersehen!

Ein Fingerspiel das sich besonders gut für unmittelbar nach dem Essen eignet: Eine Faust bilden und den Zeigefinger waagrecht ausstrecken. Den Zeigefinger leicht krümmen und strecken (Bewegung der Raupe). Auf sich selbst deuten. Dann wieder eine Faust bilden und den Zeigefinger waagrecht ausstrecken. Den Zeigefinger leicht krümmen und strecken. Am Ende sich gegenseitig zuwinken und dabei mit den Fingern auf der Stelle gehen.

Abräumen darfst du! +2

Die Kinder sitzen am Tisch und beenden ihr Frühstück oder Mittagessen. Die Erzieherin sagt gemeinsam mit den Kindern folgenden Abzählvers:

Ene, mene Kuh,
abräumen darfst du!

Dabei deutet sich bei jeder Silbe nacheinander auf die einzelnen Kinder. Das Kind, auf das sie zuletzt zeigt, darf dann z. B. seine Tasse in die Küche bringen und sie gegebenenfalls in die Spülmaschine stellen. Danach sagen alle erneut den Abzählvers auf. Sollte das erste Kind noch einmal an der Reihe sein, darf das Kind, das links neben ihm sitzt, ein Geschirrteil abräumen.

Mülltrennung

+2

Material: Sotiersystem aus 4 Behältern, wasserfester Stift

Vorbereitung: Die Erzieherin malt auf den ersten Behälter, in dem Verpackungen aus Kunststoff und Metall, Schraubverschlüsse und geschäumte Kunststoffe gesammelt werden, ein Stück Plastik und einen Schraubverschluss auf. Im nächsten Behälter wird das Altpapier gesammelt, also malt sie Papiere, Kartonagen usw. auf. Der dritte Behälter ist für Altglas und der letzte Behälter für Biomüll, entsprechend werden auch diese beiden Behälter mit Piktogrammen bemalt.

Nach jeder Mahlzeit sammeln und sortieren die Kinder gemeinsam ihren Müll, indem sie diesen der Reihe nach entweder alleine oder mithilfe der Erzieherin in den dazu passenden Behälter werfen. Sobald ein Kind wieder auf seinem Platz sitzt, ruft es ein weiteres auf, das seinen Müll sortieren darf.

Hinweis: Aufkleber mit Piktogrammen für die einzelnen Behälter können auch gekauft und aufgeklebt werden.

Verpackungen bestehen aus Rohstoffen, aus denen neue Produkte hergestellt werden. Das gelingt jedoch nur, wenn der Müll richtig sortiert und dem Recycling zugeführt wird. Die Kinder sollten von klein auf lernen, wie das geht!

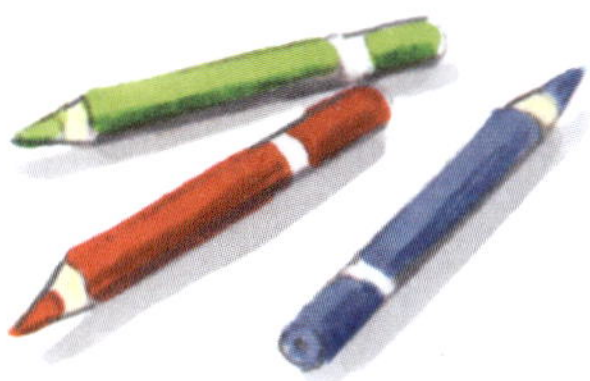

Spielen und aufräumen

Rituale kurz vor und nach der Spielzeit

Kinder haben großen Spaß daran, miteinander zu spielen, jedoch meist keine Lust, ihre Spielsachen wieder aufzuräumen. Sie müssen zum Aufräumen motiviert werden und haben nicht zuletzt einen anderen Ordnungssinn als ältere Kinder und Erwachsene Hinzu kommt, dass kleine Kinder noch nicht in der Lage sind, selbstständig derartige Aufgaben alleine zu erledigen.

1, 2, 3 – das Spielen ist vorbei! +1

Material: unterschiedliche Baby-Rhythmus-Instrumente, z. B. Schellen-Rassel und Baby-Maracas

Immer, wenn die Spielzeit beendet ist, wählt die Erzieherin ein beliebiges Kind aus, das sich ein Baby-Rhythmus-Instrument aussuchen darf. Miteinander rufen die beiden nun ganz laut: „1, 2, 3 – die Spielzeit ist vorbei!“
Dabei lässt das Kind entweder alleine oder mithilfe der Erzieherin zu jeder Zahl einmal sein Instrument erklingen. Den Satz wiederholen beide so lange, bis alle Kinder aufhören zu spielen und schließlich gemeinsam aufräumen.

Spielerisch und mit großem Eifer machen sich kleine Kinder gemeinsam daran, ihre Spielsachen aufzuräumen. Auf diese Weise wird das tägliche Aufräumen der Spielsachen alles andere als zu einer lästigen Pflicht, der sich so manches Kind gerne entzieht. Zudem bewirken Spiele und andere Angebote, die nach der Aufräumzeit immer wiederkehren, dass die gemeinsame Aktion auf eine besonders schöne Art ausklingt. Dabei wird die Arbeit der Kinder, die sie während dem Aufräumen haben, wertgeschätzt. Das wiederum macht die Kinder stolz und selbstbewusst!

Rennautos am Start +2

Manchmal muss es einfach schnell gehen. Damit die Kinder möglichst rasch ihre Spielsachen aufräumen, macht die Erzieherin mit den Kindern Folgendes: Die Erzieherin teilt den Kindern mit, dass sie alle so schnell wie Rennautos sein und dabei ihre Spielsachen aufräumen sollen. Auf los, geht’s los. Mit viel Gas und lauten Motorengeräuschen, die die Kinder nachahmen, machen sich alle blitzschnell an die Aufgabe. Mit Blick auf die Uhr feuert die Erzieherin die Gruppe an. Wurde die Aufgabe gemeistert, ruft sie laut „Stopp!“ und lobt die Kinder für ihren schnellen Einsatz.

Hand in Hand geht's los! +2

Ein Spruch, der zum Aufräumen passt, steigert die Motivation und das Wir-Gefühl gleichermaßen. Alle stehen vor dem Aufräumen im Kreis, geben sich gegenseitig die Hände und sagen laut:

Schnell, aufräumen macht Spaß!
Wir geben alle Gas!

oder

Blitzblank und ganz fein,
muss das Zimmer sein!

Die Erzieherin löst den Kreis gemeinsam mit den Kindern auf, die nicht nur schnell, sondern auch alles gemeinsam aufräumen.

Alle Mäuschen räumen auf! +2

Schau, die vielen kleinen Mäuschen
räumen auf ihr kleines Häuschen.
Gemeinsam wird mit voller Kraft
das ganze Spielzeug fortgeschafft.
Blitzblank sauber und ganz fein,
so wird bald das Häuschen sein!

Bei diesem Fingerspiel, das zu Beginn jeder Aufräumaktion gespielt werden kann, zunächst alle Finger hin und her zappeln lassen. Mit dem Zeigefinger auf die einzelnen Kinder deuten. Am Schluss mit beiden Händen ein Hausdach bzw. Dreieck bilden.

Das Spiel ist aus! +2

Die Kinder stehen beisammen im Kreis und sollen gleich miteinander aufräumen. Damit sich jedoch nicht alle Kinder auf einen Bereich stürzen, bildet die Erzieherin zwei bis drei Kleingruppen, indem sie folgenden Abzählvers aufsagt und dabei nacheinander auf die einzelnen Kinder deutet.

Eins, zwei, drei – das Spiel ist aus.
Eins, zwei drei – du bist nun raus!

Das Kind, auf das sie zuletzt deutet, stellt sich in den Innenkreis und wartet ab, bis auf die gleiche Art weitere Kinder in die Kreismitte kommen. Sobald ein paar Kinder in der Kreismitte stehen, benennt die Erzieherin einen Spielbereich, etwa die Puppenecke oder den Basteltisch, den die betreffenden Kinder – am besten mit Hilfe eines Erwachsenen – aufräumen. Danach wiederholt die Erzieherin das Spiel mit den übrigen Kindern. Erst wenn alle Kinder verteilt sind, ist das Spiel aus.

Bis der Wecker klingelt +2

Material: großer Wecker oder Timer mit Signalton

Die Erzieherin stellt den Wecker bzw. den Timer und gibt den Kindern genügend Zeit, um ihre Spielsachen gemeinsam aufzuräumen. Auf los geht's los! Die Kinder müssen sich beeilen und möglichst rasch alles aufräumen. Klingelt jedoch der Wecker vorher, gibt es noch einen Zeitzuschlag. In diesem Fall stellt die Erzieherin erneut den Wecker. Das Aufräumspiel ist beendet, sobald alle Spielsachen aufgeräumt wurden.

Auf los geht's in die Hose! +1

Material: alte Jeans, Nähzeug

Vorbereitung: Die Erzieherin näht an der Jeans ganz unten die Hosenbeine zu.

Sollte mal wieder das Spielzeug überall auf dem Boden verteilt sein, eignet sich folgendes lustiges Aufräumspiel, das insbesondere bei jüngeren Kindern sehr beliebt ist.

Die Erzieherin steht in der Raummitte und hält die Hose oben am Bund fest und zwar so, dass die Hosenbeine den Boden berühren. Auf ein Kommando der Erzieherin hin sammeln die Kinder alle Spielsachen auf dem Boden ein und stecken sie in die Hose. Am Ende setzen die Kinder sich um die Erzieherin herum, die die mit Spielzeug gefüllte Hose in den Händen hält. Jedes Kind nimmt sich ein paar Spielsachen wieder heraus, die es entweder alleine oder mithilfe der anderen Kinder aufräumt.

Aufräum-Polizei +1

Material: Handspielpuppe Hund, Polizeimütze, z. B. aus einem Kostümgeschäft oder blaue Schildmütze

Zuerst hat Hund Bello seinen Auftritt, der im Raum gemeinsam mit den Kindern etwas Unordnung gemacht hat. Die Erzieherin setzt sich die Mütze auf und spielt die Polizistin. Dazu hält sie Bello, die Handspielpuppe, in der Hand. Sie erklärt ihm, dass er gemeinsam mit den Kindern nun die Spielsachen auf dem Boden, den Tischen usw. aufräumen muss. Die Erzieherin macht sich mit der Handspielpuppe dann ebenfalls an die Arbeit. Ist die Aufräumzeit beendet, kontrolliert sie in der Rolle als Polizistin den Raum und schaut somit nach, ob Bello und die Kinder alles gut aufgeräumt haben. Falls ja, erhalten sie ein dickes Lob. Ansonsten müssen sie rasch noch die übrigen Sachen aufräumen, um dann ein Lob zu erhalten.

Aufräumen und sortieren

+2

Material: pro Farbe 1 Schälchen oder eine Schachtel

Die Kinder sitzen um einen Tisch herum, auf dem z. B. Farbstifte zum Sortieren liegen. Dazu stellt die Erzieherin für jede Farbe ein Schälchen auf den Tisch. Sie nimmt sich z. B. einen grünen Stift und singt gemeinsam mit den Kindern zu der Melodie des altbekannten Lieds „Grün, grün, grün sind alle meine Kleider“:

Grün, grün, grün sind alle meine Stifte.
Grün, grün, grün ist alles was ich hab!

Sie legt den Stift in eine leere Schale. Die Kinder dürfen nun alle grüne Stifte suchen und die betreffenden Stifte ebenfalls in die Schale legen. Wurden alle grünen Stifte gefunden, zeigt sie einen neuen Stift her, der eine andere Farbe hat. Entsprechend der Farbe wird der Text nun geändert. Auf diese Weise wird das Spiel immer weitergeführt, bis alle Stifte sortiert wurden und in den entsprechenden Schälchen liegen.

Gib mir Fünf! Du bist spitze!

+1

Sobald alle Kinder den Gruppenraum aufgeräumt haben, werden sie von der Erzieherin gelobt. Dabei geht sie zu den einzelnen Kindern, streckt ihnen ihre flache Hand entgegen und ruft laut: „Gib mir fünf! Du bist spitze!“ Die Kinder klatschen in der Regel gerne die Hand der Erzieherin ab und freuen sich riesig über das dicke Lob.

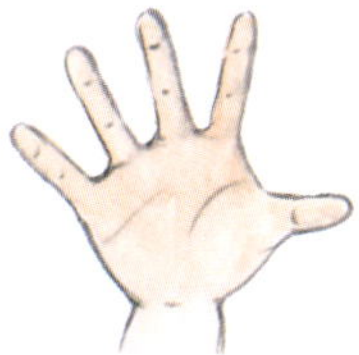

Spielzeug-Sammelaktion

+2

Material: pro Kind 1 Stofftasche o. Ä.

Die Kinder erhalten nach dem Aufräumen jeweils eine Stofftasche und machen sich auf die Suche nach den übrig gebliebenen Spielsachen, die sie vergessen haben aufzuräumen. Miteinander dürfen sie nun in jede Ecke, unter jedem Schrank und hinter jeder Heizung nach Spielsachen suchen. Die Kinder sammeln ihre „Schätze" in den Stofftaschen und sind gespannt, wer von ihnen am Ende noch etwas finden konnte. Alle Kinder leeren den Inhalt ihre Stofftaschen am besten auf einem Tisch aus und räumen schließlich das, was vor ihnen liegt, auf.

Hinweis: Dieses Spiel fördert die visuelle Wahrnehmung und sensibilisert die Kinder für gründliches Aufräumen.

Alle räumen auf!

+1

Zum Aufräumen können auch klassische Kinderlieder eingesetzt werden, deren Text man lediglich anpassen muss, sodass er zum Aufräumen passt.
Die Erzieherin kündigt die Aufräumzeit musikalisch an, indem sie zur Melodie des klassischen Kinderliedes „Alle meine Entchen" singt:

Alle meine Kinder, räumen jetzt gleich auf, räumen jetzt gleich auf!

Sie summt nun die Melodie laut so lange weiter, bis die Strophe beendet ist. Ist das Lied beendet, räumen die Kinder gemeinsam ihre Spielsachen auf.

Aufräumkönig/in +2

Material: goldener und silberner Tonkarton DIN A3, Lineal, Bleistift, Tacker, Papierschnipsel, Kleberoller

Vorbereitung: siehe Seite 22 „Guten Morgen, Prinz(essin)!". Die Spielleitung bastelt jetzt jedoch drei Kronen, die die Kinder mit Papierschnipseln bekleben.

Wer von den Kindern kann besonders schön aufräumen? Die Erzieherin beobachtet die Gruppe genau und wählt bis zu drei Kinder aus, die nach dem Aufräumen am besten im Stuhl- oder Sitzkreis eine Krone aus Papier erhalten. Jedes von den Kindern ist ein Aufräumkönig oder eine Aufräumkönigin und darf die Krone z. B. während der Kreisspielzeit aufsetzen. Danach geben die Kinder die Kronen wieder ab, sodass jeden Tag das Spiel wiederholt werden kann.

Alle sind ganz klasse! +1

„Wow! Wie ist das sauber hier!",
rufen sofort alle Vier!
Der Fünfte glaubt es kaum
und ruft: „Es ist ein Traum!"
Er kann es gar nicht fassen.
Alle Kids waren klasse!

Nach dem Aufräumen bilden alle Kinder einen Kreis und führen zum Vers folgendes Fingerspiel durch: Eine Faust bilden und gleichzeitig den Daumen, Zeige-, Mittel- und Ringfinger ausstrecken und schließlich den fünften bzw. kleinen Finger herzeigen und mit dem Zeigefinger der anderen Hand auf den kleinen Finger deuten. Am Schluss auf die einzelnen Kinder in der Gruppe zeigen.

Achtung! Kehrmaschine! +2

Material: Stubenbesen, 2–3 Kinderbesen

Ist die Aufräumzeit beendet, wählt die Erzieherin zwei bis drei Kinder aus. Sie erhalten jeweils einen Kinderbesen und überprüfen gemeinsam mit der Erzieherin, ob tatsächlich alles aufgeräumt wurde. Hierfür verwendet die Erzieherin einen Stubenbesen, der mit den übrigen Kinderbesen eine Kehrmaschine darstellt. Miteinander kehren sie, falls nötig, die übrigen Spielsachen auf den Boden zusammen, die zum Schluss noch von allen Kindern aufgeräumt werden.

Fleißige Bienen +2

Jeden Tag darf eine andere „Tier"-Gruppe das Spielzeug aufräumen. Die Erzieherin verrät den Kindern, um welche Tierart es geht, indem sie z. B. sagt:

Als fleißige Bienen räumen wir alles ein.
So wird unser Raum ganz sauber aufgeräumt sein!

In diesem Fall spielen alle Kinder Bienen die durch den Raum „fliegen" und die Spielsachen im Raum aufräumen. Am nächsten Tag dürfen die Kinder auf die gleiche Art fleißige Mäuse, Vögel oder Hamster spielen.

Ruhig werden und träumen

Rituale zum Entspannen und Einschlafen

Kleine Kinder brauchen viel Bewegung, aber auch ausreichend Ruhepausen und viel Schlaf. Aus diesem Grund müssen kurze Entspannungsphasen genauso wie der Mittagsschlaf fest im Tagesablauf integriert werden. So können die Kinder wieder Kraft schöpfen, sodass sie gut durch den Tag kommen.

Ich massiere gerade … +1

Material: unterschiedliche Dinge zum Massieren, wie z. B. Igelball, Tennisball und Ergo Roller, Isomatte oder Decke

Bei der folgenden Massage kann sich das Kind entspannen und dabei so ganz nebenbei seinen Körper bewusst kennenlernen, den Wortschatz vertiefen und erweitern.
Das Kind sucht sich etwas zum Massieren aus, z. B. den Igelball. Es zieht seine Schuhe aus und legt sich mit dem Bauch auf die Matte oder Decke. Die Erzieherin nimmt den Igelball und rollt ihn über den Körper des Kindes. Dabei benennt sie jeden Körperteil, den sie gerade massiert, indem sie z. B. sagt: „Ich massiere gerade deinen rechten Arm!“ Oder: „Ich massiere jetzt deinen Rücken!“

Variation für Kinder ab 2 Jahren: Die Erzieherin massiert den Rücken des Kindes mit dem Igelball und fragt es, wo es noch massiert werden möchte. Langsam rollt sie mit dem Igelball in Richtung der ausgewählten Körperstelle, um diese zu massieren. Hierbei ist es wichtig, dass der Igelball in Kontakt mit dem Körper bleibt. Nach einer Weile darf sich das Kind eine andere Körperstelle wünschen, die die Erzieherin schließlich mit dem Igelball massiert.

Die hier aufgeführten Massagen, die durch eigene Ideen ergänzt und erweitert werden können, bieten sich z. B. unmittelbar nach dem Frühstück an, sodass aus ihnen ein Ritual werden kann. Zudem sind die Spiele und anderen Angebote aus diesem Kapitel, die regelmäßig kurz vor dem Einschlafen stattfinden, für Kinder bald schöne Einschlafrituale.

Babymassage

Material: Decke, ggf. leicht duftendes Massageöl und Lammfell o. Ä.

Die Erzieherin reibt beide Handflächen aneinander, damit ihre Hände gut durchblutet sind und warm werden. Sie legt das Kind mit dem Bauch oder dem Rücken auf ein warmes Lammfell und benutzt gegebenenfalls etwas Massageöl. Mit den Händen macht sie sanfte, fließende Bewegungen über die einzelnen Körperteile. Dabei ist es wichtig, dass beide Körperhälften gleichzeitig stimuliert werden. Sie beobachtet, wie das Baby reagiert. Lächelt das Baby, dann lächelt sie zurück und massiert einfach weiter. Schreit jedoch das Kind, weil es z. B. sich unwohl fühlt, dann ist es besser, auf die Massage zu verzichten. Nach der Massage hüllt die Erzieherin das Baby in eine Decke und wiegt es in den Armen hin und her. Danach kleidet sie das Baby wieder an.

Hinweis: Bei der Babymassage, die im Übrigen auch bei Blähungen und Verspannungen eingesetzt werden kann, sollte der Raum wohlig temperiert sein, damit das Baby bei der Massage nicht friert.

Ein Igel geht nach Haus! +1

Material: Igelball, Isomatte

Das Kind legt sich mit dem Bauch auf eine Matte und die Erzieherin sagt den Vers auf und massiert das Kind mit dem Igelball.

Ein Igel geht nach Haus	Mit dem Igelball auf dem Rücken
und ruht sich etwas aus.	hin und her rollen.
Er legt sich gleich zur Ruh	Den Igelball kreisförmig
und schließt die Augen zu.	auf dem Rücken bewegen.
Er träumt von Mond und Stern,	Den Igelball weiterhin
er träumt das gar so gern.	kreisförmig bewegen.
Träum auch du und schlaf ein,	Mit der anderen Hand über den Kopf
dein Traum wird auch schön sein.	oder Rücken des Kindes streicheln.

Ein Ball rollt in die Welt hinaus! +1

Material: Isomatte oder Decke, Tennisball

Die Erzieherin sucht sich mit dem Kind einen ruhigen Platz im Raum aus. Das Kind zieht seine Schuhe aus, legt sich bäuchlings auf die Matte oder Decke und darf seine Augen schließen. Die Erzieherin holt einen Tennisball, kniet sich direkt neben das Kind und fängt mit dem Tennisball an den Rücken des Kindes zu massieren. Dabei sagt und macht sie Folgendes:

Ein Ball rollt in die Welt hinaus, *es geht nicht nur geradeaus.*	Mit dem Tennisball auf dem Rücken rollen, jedoch nicht auf der Wirbelsäule.
Er rollt mal hier und dann dort, *so rollt er von Ort zu Ort.*	Auch über die Schultern und Arme rollen. Stets im Kontakt mit dem Körper bleiben.
Dann legt er sich zu Ruh, *nun schließ auch du die Augen zu!*	Den Tennisball auf dem Rücken ruhen lassen, dem Kind über den Kopf streicheln. Am Schluss dem Kind eine gute Nacht wünschen.

Für den Erfolg der Entspannungsrituale ist es wichtig, dass die Erzieherin selbst ruhig und entspannt ist. Ihre eigene Ruhe und innere Gelassenheit überträgt sich auf die Kinder. Auf diese Weise sind alle Kinder mit viel Freude dabei, sodass sie sich nahezu überall entspannen oder gar gut einschlafen können.

Streichelmassage mit Entspannungsmusik +2

Material: Entspannungsmusik (Instrumentalstück), pro Kind 1 Isomatte

Bei der folgenden Streichelmassage, bei der leise im Hintergrund Entspannungsmusik erklingt, muss immer ein Erwachsener zwischen zwei Kindern sitzen. Die Kinder ziehen ihre Schuhe aus. Immer zwei Kinder legen ihre Matten nicht zu weit voneinander entfernt auf den Boden. Die Kinder legen sich mit dem Bauch auf ihre Matten. Die Erzieherin kniet sich zwischen zwei Kinder und sagt:

Ich bin ganz ruhig und still,
weil ich entspannen will.

Falls die Kinder möchten, kann sie ihnen über den Rücken oder Kopf streicheln. Ist das Musikstück beendet, dürfen die Kinder ihre Augen öffnen, ihre Hände zu Fäusten ballen und sich recken und strecken.

Die Sonne +2

Material: Decke oder Isomatte

Das Kind zieht seine Schuhe aus und legt sich mit dem Bauch oder Rücken auf eine Matte oder Decke. Die Erzieherin kniet sich direkt vor den Kopf des Kindes auf den Boden. Dann beginnt sie die Kopfmassage mit dem folgenen Vers.

Die Sonne scheint auf dich herunter,	Beide Hände auf den Kopf legen.
ihr Licht macht die Welt gleich viel bunter.	Ausgehend von der Stirn
Du magst es in der Sonne zu liegen	mit den Fingerspitzen in kreisförmigen
und so etwas Wärme abzukriegen.	Bewegungen den Kopf massieren.
Ihre Wärme tut dir sehr gut,	
sie gibt dir Kraft und neuen Mut.	Weiter massieren.
Du bleibst liegen und genießt es sehr!	
Ja, du liebst das alles immer mehr!	Weiter massieren.

Nach einer Weile lässt die Erzieherin beide Hände auf dem Kopf ruhen.

Der müde Engel

+1

Wer möchte, darf ein Engel sein und im wahrsten Sinne des Wortes ins Bett fliegen. Für das Vorhaben halten zwei Erzieherinnen das Kind an Armen und Beinen fest und lassen es ein paarmal hin und her schaukeln, bevor sie es in Richtung Bett fallen lassen. Dabei sagen sie Folgendes:

Engel flieg und ruh dich aus.
Jetzt ist Schluss, Ende und aus!

Liegt das Kind im Bett, wird es von der Erzieherin noch rasch zugedeckt. Denn jetzt ist Schlafenszeit.

Schlaf gut, Kuscheltier!

+1

Material: Kuscheltiere

Die Erzieherin stellt in den Schlafraum eine Kiste voller Kuscheltiere. Wer möchte, darf sich ein Kuscheltier holen. Damit jedoch alle gut an die Kiste kommen, ruft die Erzieherin der Reihe nach die Kinder auf, die dann entweder alleine oder in Begleitung mit der Erzieherin zu der Kiste gehen dürfen.
Die Kinder legen sich dann auf ihr Bett und wer möchte, legt sein Kuscheltier auf den Bauch. Auf diese Weise wird das Kuscheltier „lebendig“, da es sich bei jedem Atemzug gleichmäßig auf und ab bewegt. Das wiederum wirkt auf Kinder sehr beruhigend.

Der Gummiball hüpft – 1, 2, 3! +2

Kinder bewegen sich gerne und lieben es, vor dem Einschlafen auf ihrem Bett auf und ab zu hüpfen. Damit jedoch die Kinder trotzdem zur Ruhe kommen und schließlich gut einschlafen, wird Gummiballhüpfen gespielt.
Die Kinder stehen barfuß oder mit Strümpfen auf ihrem Bett und spielen das Gummiballspiel. Während nun die Erzieherin den folgenden Text sagt, machen die Kinder die dazu passenden Bewegungen.

Der Gummiball hüpft – 1, 2, 3!
Bleibt liegen und es ist vorbei!

Die Kinder hüpfen dreimal hintereinander auf ihrem Bett in die Luft und legen sich dann hin. Liegen alle Kinder unter ihrer Decke, wünscht die Erzieherin den Kindern eine gute Nacht.

Huckepack +1

Die Erzieherin trägt die Kinder nacheinander auf den Rücken und „reitet" mit ihnen in Richtung Schlafraum. Dabei kann sie die erste Strophe des altbekannten Liedes „Hopp hopp hopp, Pferdchen lauf Galopp" singen.
Am Bett ankommen, dreht sich die Erzieherin mit dem Rücken in Richtung Bett, sodass das Kind sich ganz bequem in das Bett fallen lassen kann.

Brummkreisel-Sandmännchen +1

Material: Brummkreisel mit einem Sandmännchen oder ein anderes Gute-Nacht-Motiv, z. B. Mond und Sterne

Auf manchen Brummkreisel ist sogar ein Sandmännchen-Motiv abgebildet, das für das folgende Spiel besonders geeignet ist.
Die Kinder bilden einen Kreis um den Brummkreisel herum und blicken zu der Erzieherin in der Kreismitte, die sich vor den Brummkreisel kniet und dabei sagt:

Dreht sich das Sandmännchen im Kreis,
dann ist Schlafenszeit, wie du weißt!

Nun kommt der Brummkreisel zum Einsatz. Die Kinder freuen sich an dem Anblick und gehen, sobald der Kreisel stehen bleibt, zu Bett.

Einschlafen mit einem kleinen Licht +1

Material: pro Kind 1 leeres, ausgewaschenes Marmeladeglas ohne Etikett, und 1 LED-Teelicht, Glasmalfarbe

Vorbereitung: Die Erzieherin wäscht für die Kinder jeweils ein Glas aus und entfernt das Etikett. Sie malt auf die Gläser z. B. Mond und Sterne. In jedes Glas stellt sie ein LED-Teelicht.

Jedes Kind hat ein eigenes Licht zum Einschlafen. Wer möchte, darf es sich holen und vor sein Bett stellen. Da es sich um LED-Teelicht handelt, können die Kinder ihr Licht unbedenklich direkt neben sich stellen. Die Erzieherin geht zu den einzelnen Kindern, streichelt sie gegebenenfalls über den Kopf und wünscht ihnen einen schönen Traum. Dabei schaltet sie das LED-Teelicht per Knopfdruck ein, sodass das Licht in jedem Glas hell leuchtet.

Hinweis: Anstelle von Teelichtern werden hier bewusst LED-Lichter verwendet, um eine mögliche Brandgefahr zu verhindern.

Einschlaflied

Einschlaflieder beruhigen und helfen Kindern, zur Ruhe zu kommen und schließlich gut einzuschlafen. Zudem löst eine sanfte, vertraute Melodie ein behagliches Gefühl aus und schafft Vertrauen.

Schlaf, Kindlein, schlaf!
Der Vater hütet die Schaf,
die Mutter schüttelt's Bäumelein,
da fällt herab ein Träumelein.
Schlaf, Kindlein, schlaf!

Während die Erzieherin das Einschlaflied singt, kann sie leise durch den Raum gehen, hin und wieder vor einem Bett stehen bleiben, um den betreffenden Kind sanft über den Kopf zu streicheln.

Wunschkiste +2

Material: dunkle Schuhschachtel ohne Deckel, selbstklebende Sterne, Digitalkamera, Drucker

Vorbereitung: Die Erzieherin fotografiert die einzelnen Kinder und druckt die Bilder aus. Auf eine dunklen Schuhschachtel ohne Deckel kleben die Kinder die Sterne. In diese Gute-Nacht-Schachtel legt die Erzieherin die Fotos aller Kinder.

Die Kinder liegen in ihren Betten. Bevor sie jedoch einschlafen, darf sich ein Kind aus der Gruppe mit geschlossenen Augen ein beliebiges Foto aus der Schachtel herausholen und das Foto der Gruppe zeigen. Das auf dem Foto abgebildete Kind darf sich etwas wünschen. Das kann z. B. ein Einschlaflied oder eine Gute-Nacht-Geschichte sein. Damit jedoch am nächsten Tag nicht noch einmal das gleiche Foto aus der Schachtel geholt wird, legt die Erzieherin das betreffende Foto zur Seite. Erst wenn alle Kinder an der Reihe gewesen sind und somit alle Fotos aus der Schachtel geholt wurden, fängt das Spiel mit sämtlichen Fotos von vorne an.

Schlaf ein, mein Kind! +1

Hier ein kleines Streichelmassage-Ritual, das das Kind besänftigt und in einen ruhigen Schlaf begleitet.

Kannst du die Uhr sehen?	Mit der flachen Hand kreisförmig
Zeit ins Bett zu gehen.	über den Rücken streicheln.
Schließ deine Augen zu	Mit der Hand über den Kopf
und genieß einfach die Ruh.	des Kindes streicheln.
Schlaf ein, ich mag dich sehr!	Mit dem Zeigefinger ein Herz
Jeden Tag sogar mehr!	auf den Rücken zeichnen, mit der Hand über den Kopf und den Rücken streicheln.
	Am Schluss dem Kind eine gute Nacht wünschen.

Gute-Nacht-Geschichte +2

Material: Handspielpuppe, Kleinkindbilderbuch

Eine Gute-Nacht-Geschichte entspannt und vermittelt Geborgenheit, sodass das Einschlafen begünstigt wird. Besonders schön ist das Ganze für die Kinder, sobald eine Handspielpuppe zum Einsatz kommt.
Die Erzieherin holt ein Buch und eine Handspielpuppe. Sie setzt sich zu den Kindern in den Schlafraum. Die Handspielpuppe „liest" den Kindern eine Gute-Nacht-Geschichte vor, wie z. B. „Das Sandmännchen ist da" von Rosemarie Künzler-Behncke oder ein Märchen aus einem Märchenbilderbuch, das kindgerecht erzählt und nicht zuletzt wunderschön illustriert ist. Zwischendurch dürfen die Kinder die Bilder im Buch anschauen. Am Ende streichelt die Handspielpuppe den Kindern, falls sie es möchten, über den Kopf und wünscht ihnen eine gute Nacht.

Schlaf ein, mein Püppchen! +1

Material: pro Kind 1 Puppe oder 1 Teddybär

Zur Schlafenszeit dürfen die Kinder ihre Puppen oder Teddys ins Bett bringen, ihnen eine gute Nacht wünschen und schließlich mit ihnen gemeinsam einschlafen.
Jedes Kind holt sich eine Puppe oder einen Teddy. Dann beginnt das Ritual, indem die Spielleitung folgenden Vers sagt:

Schlaf ein, mein Püppchen (oder Teddy),	
schlaf bald ein.	
Ich deck dich zu ganz lieb und fein.	Die Kinder decken ihre Puppen zu.
Du bist müde und legst dich zu Ruh.	Die Kinder legen sich zu ihren
Ich bin müde und leg mich dazu!	
Gute Nacht, mein Püppchen!	Puppen bzw. Teddys ins Bett.
	Sie umarmen ihre Puppen.

Bello wünscht eine gute Nacht +2

Material: Stofftier Hund, kleines Hundekörbchen o. Ä.

Stofftiere zum Kuscheln haben auf Kinder eine magische Anziehungskraft und eine beruhigende Wirkung. Sie tun den Kindern gut und helfen ihnen beim Einschlafen.
Liegen alle Kinder in ihrem Bett, dann heißt es Bühne frei für Bello. Die Erzieherin holt das Stofftier, macht leise „Wuff!" und geht zu den einzelnen Kindern. Wer möchte, darf sich von Bello über den Kopf streicheln lassen oder ihn einfach mal so richtig knuddeln. Konnte „Bello" allen Kindern eine gute Nacht wünschen, legt er sich in sein Körbchen, schläft ein und träumt.

Spieleverzeichnis